sports

课外体育锻炼面面观

KEWAI TIYU DUANLIAN MIANMIANGUAN

孙英俊　刘　军　夏国波◎主编

▶▶▶▶▶ 做自己健康的第一责任人

安徽师范大学出版社

·芜湖·

责任编辑：潘　安

装帧设计：张　玲

图书在版编目（CIP）数据

课外体育锻炼面面观 / 孙英俊，刘军，夏国波主编 . —芜湖：安徽师范大学出版社，2019.10

ISBN 978-7-5676-4448-9

Ⅰ.①课… Ⅱ.①孙… ②刘… ③夏… Ⅲ.①体育锻炼－课外活动－中小学－教学参考资料 Ⅳ.①G634.963

中国版本图书馆CIP数据核字（2019）第242340号

KEWAI TIYU DUANLIAN MIANMIANGUAN

课外体育锻炼面面观

孙英俊　刘　军　夏国波◎主编

出版发行：安徽师范大学出版社

芜湖市九华南路189号安徽师范大学花津校区

网　　址：http：//www.ahnupress.com/

发 行 部：0553-3883578　5910327　5910310 （传真）

印　　刷：安徽新华印刷股份有限公司

版　　次：2019年10月第1版

印　　次：2019年10月第1次印刷

规　　格：700 mm ×1000 mm　1/16

印　　张：13.25

字　　数：240千字

书　　号：ISBN 978-7-5676-4448-9

定　　价：48.00元

本书编委会

主 编

孙英俊　刘　军　夏国波

副主编

马怀超　童卫东　李志诚　程世宏

编 委

孙英杰　韩志辉　马　丽　张新哲　王中杰　陈庆国　马中林
田金柱　张云波　康　宁　陈志强　于广东　张远平　周　红
樊洪基　张利娟　罗利娟　谷亨利　欧阳中香　朱斌斌　王利平
滕立松　李海泉　刘　岩　陈清华　蒋超磊　徐万忠　张春玲
戴旭东　马世英　邢计刚　徐艳秋　郭雅斌　胡维娟　虞志军
蔡　昱　杨　志　孙　源　郭洪生　杨涵婷　孙贵勇　丁世广
王振阳　孙玉岩　于兆东　邢　伟　陈　伟　高　虹　左学来
张　勇　徐志刚　何文俊

基金项目

本书系以下项目的研究成果：

浙江省杭州市"职普融通"（课程开发）建设项目成果；

浙江省杭州市中等职业教育与成人教育2016年度教学科研规划课题"杭州市中职生体育俱乐部（社团）开展现状与对策研究"阶段研究成果；

浙江省职业技能教学研究所（浙江省技工院校教学业务课题）2018规划课题阶段研究成果；

吉林省教育科学"十三五"规划2019年度基金项目"习近平体育强国振兴理论下农村学校足球师资人才培养现状与对策研究"阶段性研究成果；

中国职业技术教育学会教学工作委员会2019—2020年度职业教育教学改革课题研究"基于幼儿园实习岗位能力培养的中职学前教育专业校本教材开发与实践"阶段成果；

2019年国家社会科学基金项目"健康中国视域下全民健身与智能媒介融合发展研究"子课题"学生课外体育锻炼的现状、影响因素及对策研究"阶段性研究成果。

序

2019年8月,暑假期间,英雄城四平,与英俊有幸相聚。言谈间,获悉英俊主编的《课外体育锻炼面面观》即将出版。源于对英俊的了解,欣然应邀作序。

英俊是我在吉林师范大学体育学院工作期间培养的最后一届专科生中的佼佼者,可谓文武双全。谓文,溢于言表,出口成章;曰武,"十八般武艺"样样精通。在校期间,英俊曾担任班级团支部书记,是我所授"体操"课的课代表,学习努力,训练刻苦。2001年6月,英俊完成了所有学业,应聘杭州市余杭区教育局,成为杭州市闲林职业高级中学的一名体育教师。

2018年9月,吉林师范大学六十华诞,杰出校友欢聚一堂,我与英俊再次相聚。作为吉林师范大学浙江省校友会副秘书长的英俊已"羽翼丰满":余杭区体育学科兼职教研员,学校的教科室副主任、校长办公室副主任,区体育兼职教研员,余杭区体育学会秘书,杭州市教育学会中小学体育教学研究会理事,杭州市职教教科研骨干班成员,杭州市职教体育大组成员,中华职教社会员,中国体育科学学会会员,中国职业技术教育体育工作委员会副秘书长;更为骄傲的是,英俊被吉林师范大学体育学院聘为客座教授。

功夫不负有心人。一次硕士研究生的文献阅读活动,偶然发现英俊在《中国学校体育》《体育教学》等杂志上发表的文章,读来"有滋有味"。英俊在国内体育专业期刊中发表学术论文30余篇,主编或参编教材5本,个人学术专著1本,国家发明专利2项。英俊在基础教育体育学科领域已是一位有一定学术影响的多产"作家"。

英俊所主编的《课外体育锻炼面面观》一书,不仅介绍了课外体育锻炼现状与误区、课外体育锻炼的积极作用、课外体育锻炼术语与常识、课外体育锻炼原则与方法、课外体育锻炼方法的实践、课外体育锻炼的运动损伤、中外体育锻炼名人与名言，还收录了体育锻炼中突发疾病的应急处置、课外体育锻炼基础知识考点自测、课外体育锻炼相关研究成果摘编。从撰写的逻辑思维角度来看，此书从学生课外锻炼的现状与误区入手，剖析了当下学生课外体育锻炼中所存在的问题，列举了国内外名人的体育锻炼轶事和观点。从知识体系构建的角度来看，此书由浅入深，有理论有实践，非常符合当下学生的阅读习惯。因此，此书可以作为在校学生课外锻炼指导之用，也可以供学生家长参考学习，还可以供有志于体育锻炼的其他人使用。

体育教师的专业发展是有规律可循的，教育科研是提高体育教师专业发展水平的有效手段。从一名普通的体育教师成为学校的教研组长，成为区体育大组核心成员，成为区体育学科的带头人，成为区体育兼职教研员，成为学校教师教育科研的领导者，英俊在体育专业上发展的每一步，无不凝结着其在学校体育教学科研工作中的艰辛与汗水。

时光荏苒，岁月如梭。2019年，英俊离开吉林师范大学第18个年头，当中的几次短暂相聚，共叙师生情、朋友情、"兄弟情"，每每都是依依不舍。

舞台再大，自己不上台，永远是观众；平台再好，自己不参与，永远是局外人。对英俊，我衷心地希望：在学校体育教学科研的舞台上，在基础教育体育学科的平台上，成为主角，成为领军人。

宋会君

二〇一九年九月

于世界长寿市中国贺州

（作者简介：宋会君，1964年生，男，吉林农安人，中共党员，博士，曾任吉林师范大学体育学院院长，现为贺州学院旅游与体育健康学院教授。）

前　言

　　梁启超在《少年中国说》中说:"少年智则国智,少年富则国富,少年强则国强,少年独立则国独立,少年自由则国自由,少年进步则国进步,少年胜于欧洲,则国胜于欧洲,少年雄于地球,则国雄于地球。"1917年,毛泽东同志在《体育之研究》中说:"欲文明其精神,先自野蛮其体魄;苟野蛮其体魄矣,则文明之精神随之。"[1]党的十八大以来,习近平同志在多个重要场合也反复强调要重视身体健康,提出"没有全民健康,就没有全面小康"。一句话,人民健康是民族昌盛和国家富强的重要标志。

　　国民体质健康水平一定程度上反映了一个国家发展水平的高低和发展质量的优劣,这已是人类社会的共识。党的十九大以来,国家相继出台了《国务院关于实施健康中国行动的意见》《健康中国行动组织实施和考核方案》《健康中国行动(2019—2030年)》(以下简称《健康2030》)等有关健康的系列文件。尤其是《健康2030》,显示出了党中央对国民健康水平的高度关注,提出了通过相关工作的开展,增强人民群众健身意识,提高全民健康水平,到2022年和2030年,城乡居民达到《国民体质测定标准》合格以上人数比例分别不少于90.86%和92.17%,经常参加体育锻炼人数比例达到37%以上和40%以上,学校体育场地设施开放率超过70%和90%,人均体育场地面积达到1.9平方米及以上和2.3平方米及以上的发展目标[2]。

---

　　[1]《体育之研究》是我国现代史上不可多得的一份体育文化珍宝,也是迄今为止毛泽东同志公开发表的最早的文章。

　　[2] 林剑.生命在于运动　运动需要科学——国家体育总局相关负责人就"全民健身行动"答记者问[N].中国体育报,2019-07-19(1).

2019年3月18日,习近平同志在学校思想政治理论课教师座谈会上指出,青少年阶段是人生的"拔节孕穗期"。"拔节孕穗"本指农作物发育到一定阶段时,主茎的各节长得很快,需要吸收充足的营养。这正如青少年阶段,对于人的一生而言,是一个非常关键的时期。的确,无论从生理成长规律来看,还是从运动发展规律来看,青少年时期都是非常关键的。在这一时期内,人的体格增长是最快的一个发展阶段,而在诸多促进因素中体育锻炼是非常重要的一个。

体育锻炼对人的健康成长作用是多方面的,概言之,体育锻炼可以使身体中各器官获得充足的氧,可以改善人体的新陈代谢,促进人的骨骼生长,提高人的心肺功能,给人带来愉悦感,缓解紧张情绪,减轻学习产生的压力。因此,我们说重视体育锻炼就是重视自己的健康。

一个人能否参加体育锻炼,取决于三个方面的条件:一是有无健身的热情与愿望,表现在对身体健康重要性的认识程度上;二是有无健身的条件,表现在锻炼的场地、器材、服装和锻炼的时间上;三是有无体育锻炼的技能,表现在锻炼知识和锻炼方法以及锻炼手段上。

习近平同志在参加博鳌亚洲论坛2018年年会中曾说,实现"两个一百年"奋斗目标,要坚持以人民为中心的发展思想,经济要发展,健康要上去,人民的获得感、幸福感、安全感都离不开健康,要大力发展健康事业,要做身体健康的民族。作为民族发展的希望军,青少年们有责任、有义务锻炼好自己的身体,成为自己健康的第一责任人。

基于上述论述,以满足学生课外体育锻炼之所需,本书编写组广泛搜集与整理了有关课外体育锻炼的理论知识、实践策略以及相关案例,同时对其进行了针对性、科学性、指导性和实效性等方面的整合与提升,旨在为广大读者提供优质阅读服务。

本书在编写过程中得到了诸多一线体育教师、高校教师、科研机构学者等的大力支持,他们参与了本书相关资料的搜集、整理及编写等工作。除我之外,具体名单与分工如下:

安徽省阜阳市太和县第一中学特级教师刘军,担任三主编之一;

浙江省杭州第四中学夏国波,担任三主编之一;

辽宁省营口市教师进修学院马怀超,担任副主编;

浙江省绍兴市柯桥区教体局体育科科长童卫东,担任副主编;

北京体育大学出版社青少年体育杂志社编辑部主任李志诚,担任副主编;

浙江省杭州市余杭区教育局教研室体育教研员程世宏,担任副主编;

吉林省双辽市兴隆镇中心小学孙英杰,担任编委;

吉林省双辽市职业中专韩志辉,担任编委;

吉林省双辽市文化馆马丽,担任编委;

吉林省双辽市第三中学张新哲,担任编委;

吉林大学体育学院王中杰,担任编委;

吉林师范大学陈庆国、马中林,担任编委;

吉林省四平市实验中学田金柱,担任编委;

吉林省华侨外国语大学张云波,担任编委;

吉林省长春理工大学康宁,担任编委;

吉林省白城师范学院陈志强,担任编委;

吉林省长春市体育科学研究所于广东,担任编委;

北京铁路电气化学校张远平、周红,担任编委;

浙江省绍兴市柯桥区职业教育中心樊洪基、张利娟,担任编委;

浙江省杭州市闲林职业高级中学罗利娟、谷亨利、欧阳中香、朱斌斌、王利平,担任编委;

浙江省杭州市余杭区实验中学滕立松,担任编委;

浙江省杭州市余杭区社区学院李海泉,担任编委;

浙江省杭州市余杭区临平第五中学刘岩,担任编委;

浙江省杭州市余杭区临平第一中学陈清华,担任编委;

浙江省平湖市崇文小学蒋超磊,担任编委;

浙江省临安区昌化职业高级中学徐万忠、张春玲、戴旭东,担任编委;

浙江省杭州市瓶窑中学马世英,担任编委;

浙江省杭州市塘栖中学邢计刚,担任编委;

浙江省平湖市东湖中学徐艳秋,担任编委;

浙江省平湖中学郭雅斌,担任编委;

浙江省杭州市临平职业高级中学胡维娟,担任编委;

浙江省杭州市第四中学虞志军、蔡昱,担任编委;

辽宁省营口市西市区体育与健康学科教研员杨志,担任编委;

辽宁省营口开发区第二高级中学孙源,担任编委;

辽宁省盖州市陈屯学校郭洪生,担任编委;

辽宁省大石桥市中兴小学杨涵婷,担任编委;

辽宁省盖州市东城学校孙贵勇,担任编委;

辽宁省营口市鲅鱼圈区芦屯镇惠民小学丁世广,担任编委;

辽宁省营口市鲅鱼圈区实验小学王振阳,担任编委;

辽宁省营口市鲅鱼圈区海星小学孙玉岩,担任编委;

辽宁省营口市鲅鱼圈区长江路小学于兆东,担任编委;

辽宁省营口市西市区启文小学邢伟,担任编委;

辽宁省营口市实验小学陈伟,担任编委;

辽宁省营口市西市区创新小学高虹,担任编委;

辽宁省营口理工学院附属小学左学来、张勇,担任编委;

辽宁省营口市西市区韶山小学徐志刚,担任编委;

重庆市垫江县太平小学何文俊,担任编委。

在本书出版之际,对为本书付出辛勤工作的同志们表示感谢,祝愿各位老师在各自的工作岗位上顺心、开心,业余勤于锻炼身体,健康永久。

二〇一九年八月八日

目　录

第一章　课外体育锻炼现状与误区

2019年3月18日,习近平同志在学校思想政治理论课教师座谈会上指出,青少年阶段是人生的"拔节孕穗期"。青少年的年龄处在生理和心理发展的关键时期,是其人生观、价值观、世界观塑造的重要时期。在这样的大背景下,我们学生的课外体育锻炼现状如何,有哪些因素影响着我们的体育锻炼,又有哪些体育锻炼的误区呢? 这些都非常值得我们认真研究与掌握。

第一节　课外体育锻炼的基本现状

一、课外体育锻炼的参与对象

目前,在校参加课外体育锻炼的对象在不同维度上存在着一定的差异性。如,锻炼时间最多的是小学,锻炼强度最高的是初三。其中小学生在锻炼时间、锻炼频率中最高,主要原因是小学生的体育锻炼时间较为充足。初三学生由于面临体育中考的升学压力,处于被迫式的体育锻炼,虽然没有足够的时间去自主锻炼,但是初三学生的体育锻炼强度是全部青少年阶段中最高的。与义务教育学段的学生相比,高中生和大学生在体育锻炼上有较高的自主权,时常会按照自己的兴趣去进行课外体育锻炼。研究发现,从2016年、2017年、2018年的调查数据来看,学生体质健康的整体优良率分别为26.5%、29.3%、30.3%,上升趋势明显。但随着学段升高,学生体质下降的趋势明显。2017年调查数据显示,小学生体质健康达标率为92.1%,中学生为88%,大学生为74.4%。由此可见,"增龄递减"的情况不容小觑。

二、课外体育锻炼的场地选择

场地、器材是学生进行课外体育锻炼的前提条件,也是提高体育锻炼效果的重要保障。课外体育锻炼场地与器材,因不同地域、不同学段等,会出现一定的差异性。但是,大体上,学生课外体育锻炼场地与器材的情况是相仿的。一般而言,我国城镇学生参加课外体育锻炼的主要场所依次排序为学校操场、小区空地、游泳馆、公园、广场、健身房①。而农村学生的课外体育锻炼场地多以学校操场为主。

三、课外体育锻炼的组织方式

学生参加课外体育锻炼的主要方式有时四种:第一种是独自一个人进行课外体育锻炼,第二种是选择和自己的同学或者朋友一起进行体育锻炼,第三种是和自己的家人一起进行体育锻炼,第四种是在教师的带领下所进行的集体式体育锻炼。

四、课外体育锻炼的项目选择

当前,我国学生课外体育锻炼活动中,男生喜欢对抗性较强的运动项目,如篮球、足球、羽毛球等,女生偏爱跑步、舞蹈等一些对抗性相对较弱的运动项目。跑步因其技术动作简单且易于开展等特点得到了广大学生的青睐,但是,通过跑步达到健身,并非易事。由于男生和女生的性别差异,导致了在运动项目选则上的差异。三大球的参与者主要以男生为主且随学段递增而增加,女生则相反。研究发现,随着经济水平提高,一些新兴的体育运动项目在课外体育锻炼中出现,如滑板车、攀岩、野外生存、电子竞技等。

五、课外体育锻炼的参与动机

体育锻炼动机是指选择、激发、维持和强化体育锻炼活动并指向一定目标的内在动力。动机具有确定的指向性,是由人的内部需要和外部条件所决定的。内在需求是锻炼动机产生的直接原因,锻炼动机是锻炼行为产生的直接原因,锻炼动机直接指向锻炼行为,是进行锻炼行为的推动力。锻炼行为之所以表现出差异性是由锻炼动机差异性决定。个体的体育锻炼动机能维持和强化相应的锻炼

① 孙红爱.学生课余体育锻炼的影响因素与分析[J].辽宁教育行政学院学报,2007(6):153.

行为。

上海师范大学的吴钢和沙叶对上海市18所中学(初中和高中)的1 542名学生(回收有效问卷1 467份)进行了"你参加课外体育锻炼的动机"的问卷调查,"回答'锻炼身体,增强体质'的占78%,'丰富课余生活'的占58%,'减肥健美'的占33%,'应付考试'的占14%,'增强同学间的交流'的占26%,'提高运动技能'的占23%。由此可见,学生参加课外体育锻炼的主要动机是'锻炼身体,增强体质'以及'丰富课余生活'"①。

同时,我们发现学生课外体育锻炼在性别、年级差异上男生要明显高于女生,男生选择体育锻炼的主要动机是基于自身的精力充沛而选择一些大运动量的项目以释放自己。通过运动参与可以建立友谊,这也是多数男生选择体育锻炼的动机之一。而那些能够经常参加体育锻炼的女生,其动机是基于青春期背景下的自己形体的关注,通过选择一些小锻炼量的运动项目来保持形体美。

六、课外体育锻炼的影响因素

课外体育锻炼的影响因素主要包括个人、家庭和学校三个方面②。

(一) 个人层面

兴趣是最好的老师,对体育锻炼的兴趣爱好是影响自身锻炼行为的关键因素。换句话讲,只有对体育锻炼产生兴趣,意识到体育锻炼的重要性,才能够自觉、主动地参与体育锻炼③。

研究表明,我国青少年整体运动意愿较积极,绝大多数青少年能够意识到改变锻炼行为的益处,并不同程度地希望增加已有的锻炼频率;男生、女生之间的运动意愿存在显著性差异,男生的运动意愿整体强于女生;不同年级之间的青少年运动意愿呈显著性差异,大致呈年级越高运动意愿越不积极的趋势④。

同时,研究发现,肥胖学生锻炼频率明显高于体重正常或消瘦学生,因为肥胖

① 吴钢,沙叶.中学生课外体育锻炼的调查研究[J].基础教育,2011(5):112

② 胡鹏辉,余富强.中学生体育锻炼影响因素研究——基于CEPS(2014—2015)数据的多层模型[J].体育科学,2019(1):76-84.

③ 陈俊.学生体育锻炼习惯的形成和影响因素研究[J].体育科技,2018(6):139-140.

④ 范卉颖,唐炎,张加林,等.我国青少年运动意愿及影响因素研究[J].中国体育科技,2019(6):35-45,58.

学生已有初步的体育锻炼意愿,能够主动进行体育锻炼。除了身体肥胖感知之外,另一个重要因素就是身体健康意识。一般而言,意识到自身健康状况不好的中学生,更可能参加体育锻炼。如果对于体育锻炼作用的认识不到位或存在误区,也会制约其积极性。性别也是重要的因素,不同性别的学生对体育锻炼的认知与情感上存在着差异,继而影响其体育锻炼参与的行为。当然,缺乏必要的体育锻炼知识和缺少必要的锻炼方法也是影响学生课外体育锻炼的因素。

(二)家庭因素

家庭作为个体社会化的重要环境之一,对于学生体育锻炼参与产生着重要影响。家庭是学生出生伊始就处在的环境,是学生接受教育的起点。家庭教育具有基础性和长期性,是社会和学校不可代替的。因此,家庭的体育锻炼会直接或间接地影响到孩子。在家庭影响的诸因素中,父母对子女参与体育锻炼的态度最为主要。父母自身对体育锻炼的态度、行为以及家庭的经济状况也在不同程度上影响子女的体育锻炼。家庭结构也会影响到青少年的体育锻炼行为。如,在单亲家庭中,子女与父母的交流相对较少,父母对子女的管理会相对松散,家庭的集体活动会较少;祖辈参与青少年的抚养,尽管未对青少年的饮食行为产生明显影响,但祖辈对于青少年的体育锻炼习惯的教育与管理上相对有所欠缺。最后,家居环境对子女体育锻炼有影响。家居环境主要是指家庭所在社区的体育文化、锻炼场所和器材方面等。

(三)学校因素

中小学生处在很容易受到外界环境影响的年龄,因此,外界的体育锻炼氛围会对其体育锻炼习惯的养成产生较多的影响。学校因素主要体现在两个方面:一是学校体育设施环境直接制约着学生体育锻炼的参与可能性;二是学校的管理制度,如课程安排、课业压力等影响着学生的体育参与。学校的性质、学校区位和体育设施配置都对中学生的体育锻炼参与有显著影响。一般而言,越是城区中心的学校,因为其相对较好的师资力量,受到教育主管部门的重视,在保证体育课程时间、课程创新等方面做得好,也能够增强中学生参与体育锻炼的兴趣。学校体育设施水平是影响学生体育锻炼参与的重要因素。因此,学校应该高度重视体育活动的开展,尽量完善体育设施、强化体育教育,给学生创造一个良好的体育锻炼环境。

第二节　课外体育锻炼的常见误区

根据对学生课外体育锻炼的观察和相关研究文献的研读,本书梳理出了以下常见误区。

一、对准备活动不重视

一般而言,学生课外体育锻炼过程中在准备活动上的误区主要表现在5个方面[1]:①不做准备活动;②准备活动不充分;③准备活动不科学;④准备活动量过大或过小;⑤准备活动距正式训练时间间隔过长。那么,到底准备活动有哪些作用呢? 首先,体育锻炼前进行一定强度的准备活动,可使肌肉的代谢过程加强,肌肉温度升高,增加肌肉中毛细血管开放的数量,提高肌肉力量和提高韧带的弹性和伸展性,使关节腔内的滑液增多,防止肌肉和关节的损伤。其次,体育锻炼前进行一定强度的准备活动有利于提高人体内脏器官的机能水平。

二、锻炼时间越长越好

有学生认为体育锻炼时间越长越好,其实这样的观点是不正确的。因为,锻炼时间过长,不但起不到强身健体的作用,反而会让身体的一些部位或器官受到伤害[2]。任何人锻炼后都需要休息和复原,人们希望从锻炼中获得积极效果,如增加肌肉力量,改进心血管作用等。研究发现,在进行锻炼过程中练习达到了某一程度后就会发生效用递减现象,同时还会因为锻炼过度增加受伤的危险。如果没有足够的恢复时间,身体所消耗的物质不能及时得到补充,身体储备处于负平衡状态,就会使疲劳积累,造成过度疲劳。

三、锻炼密度越大越好

有人认为在体育锻炼中锻炼的密度越大越能够收到好的效果,其实不对。运动量包括运动强度和运动时间。健身不是单纯的量的累积,而应该重视质的变

---

① 刘荣学.中学生走出自我体育锻炼的误区[J].中国校外教育,2012(23):158.

② 朱建国,蒋安民.初中生体育锻炼误区与对策探究[J].成才之路,2017(13):69.

化。以"船长椅"器械训练为例,许多人都会连续做上几十个,直到大汗淋漓气喘吁吁才不得不停下来。资深的健身教练认为,腹肌的训练关键是动作要到位,而且需要适当停顿,最好以15个动作为1组,每次做2~3组[1]。

四、认为集中式锻炼好

一些学生由于抽不出体育锻炼的时间,于是利用双休日进行集中式体育锻炼以弥补锻炼不足。其实,这样的做法无异于"暴饮暴食",会打破已经形成的生理平衡,加重生命器官的磨损、组织功能的丧失以致寿命缩短。故而,在体育锻炼上应该均匀分配自己的锻炼时间。

五、认为清晨比傍晚好

有学生认为清晨锻炼比傍晚锻炼好,其实是不正确的。因为在早晨人的血液凝聚力很高,形成血栓的可能性相应增加,更是心脏病发作的高峰期。相反,傍晚是运动健身的最佳时刻,一般来讲,晚上6点至8点半是一天中的黄金锻炼时间。傍晚时人的心跳、血压趋于平衡,人体的五感更加敏锐,应激能力和血栓化解能力也都达到最佳水平。因此,应该是傍晚锻炼比清晨锻炼效果好[2]。

六、认为空腹锻炼不好

有些学生担心空腹进行体能锻炼会导致体内贮存的糖原大量消耗而发生低血糖反应,对健康不利。其实,饭前1~2小时(即空腹)进行适度运动,如定量步行、跳舞、慢跑、骑自行车等,有助于减肥。这是由于此时体内无新的脂肪酸进入脂肪细胞,较易消耗多余的脂肪,减肥效果优于饭后运动。

七、只有口渴时才补水

水是人体的重要组成成分,约占体重的67%。水参与全身的新陈代谢,可使微血管保持清洁、畅通。大多数学生常常把口渴作为缺水的指征,实际上当人感到口渴时,其脱水程度已经达到体重的2%~3%,运动能力已经开始下降。因此,运动前后以及运动过程中特别要注意补水,最好补充含矿物质、维生素和糖的水,

---

① 董文怡.锻炼误区知多少[N].上海中医药报,2015-07-03(10).
② 马豫.健身初练者常见误区与科学健身方法及理念分析[J].鄂州大学学报,2014(12):91-92,98.

而且补水应遵循少量多次原则[①]。

八、出汗多有利于减肥

很多以减肥为体育锻炼动机的学生认为,体育锻炼一定要大汗淋漓,否则就达不到减肥效果。其实,这是一种错误的认识。因为体育锻炼过程中会因大量出汗导致人体处于失水状态,体重的减轻也仅仅是暂时的。真正的减肥不是减少体内的水分而是减少多余的脂肪。所以,单纯性追求出汗多少并不能代表减肥效果的好坏[②]。

九、运动饮料成必需品

一些学生无论参加什么项目、多大强度的体育锻炼,都将运动饮料作为必需品。其实,这样的做法并不是很科学的。一些运动饮料适合在长时间、高强度的运动中饮用,因为在此类运动中会大量出汗甚至脱水,需要及时补充水分。补充运动饮料时要注意补充的时间与方法,一般运动前、中、后期都要补水,特别是在运动前和运动整个过程的前半段要及时补水。补水原则是少量多次,因为喝得过多会引起胃肠痉挛。一般不参加剧烈活动的人,不需要补充运动饮料。人体的电解质本身是处于平衡状态的,如果随意补充,多摄入的这些水溶性物质最终要从肾脏排出,反而会增加肾脏负担,人为造成新的不平衡。况且电解质里最主要的成分是氯化钠、氯化钾等成分,摄取过多会造成血压升高。

十、运动之前多吃糖好

有些学生认为在参加体育锻炼前可以多吃一些糖,这样可以让自己储备更多的能量,其实这是一种错误认识。人体摄入的糖一部分被组织氧化分解,用于满足机体的生理活动需要,一部分糖被肝脏和肌肉等器官合成糖原储存起来。虽然摄入的糖不断地被人体各组织器官摄取和分解,但人体内糖浓度是相对稳定的,因为糖浓度一旦降低,肝糖原就会分解而加以补充。研究表明,短时间剧烈运动后人体糖浓度会上升,长时间的运动如马拉松后糖浓度往往会下降,所以为了防止糖浓度的下降,只有长时间的运动才有必要在运动前多吃含糖的食物或补糖。

---

① 丛林,朱静华.浅谈运动员营养补充的误区[J].田径,2014(12):58-59.

② 伊莎.健康运动的误区[J].农民科技培训,2013(8):49.

一般的运动没有必要补充糖分,因为储存在体内的糖原完全可以满足运动的需要。即使长时间运动需要补糖,也不宜过多,因为一次补糖过多可导致运动能力下降,胃部出现不适感觉并伴有头晕、恶心等症状。大量葡萄糖进入血液,使血液黏滞性增加,血流速度下降,心脏负担加重。一次补糖量每千克体重最多不能超过2克,补糖时间应在比赛、训练前15分钟或2小时前服用而效果最好,这可使整个运动期间的血糖维持在较高水平。因为运动前15分钟补糖,在运动开始时,正是消化吸收进入血液的葡萄糖最多的时候。在2小时前吃糖,消化吸收的葡萄糖在运动前则已完成糖原的合成[①]。

十一、受轻伤后继续锻炼

有些学生在身体受轻伤后,如足球锻炼中脚踝扭伤,发现程度较轻,仅仅是局部的轻微肿胀和疼痛,认为问题不大,于是不做任何处理就继续参加运动。其实,这样的做法并不可取,因为看起来不怎么严重的小伤,若不及时处理,继续参加体育锻炼,很容易会加重伤情或再次受伤。因此,类似关节扭伤等运动损伤后绝不能再继续运动,要立即停止运动,坐下或躺下让损伤的部位充分休息,并注意观察伤情变化[②]。

十二、护腰带具有万能性

护腰带又称束腰带、护腰、腰托、腰围,作为一种运动护具,多用于腰椎疾病患者的保守治疗以及腰椎手术后患者的康复训练。护腰带的主要作用是保护腰部,通过限制腰部活动来达到缓解腰痛的目的,即通过限制腰椎的屈曲等运动,缓解椎间盘内压力,使损伤的椎间盘可以充分休息,同时减轻腰椎周围肌肉与韧带的负担,防止损伤继续加重,为患者机体恢复创造良好条件。虽然护腰带有上述功能,但也不是什么时候都能起到保护作用,也不是什么时候都适合佩戴。尤其是在佩戴时间上一定要注意,因为长期使用会约束血液循环,过度固定会使肌肉萎缩。腰部一旦没有力量,就很容易引发各种损伤,这些损伤会在取下腰带后集中爆发。除科学佩戴之外,还应在腰痛等不适症状缓解后逐步去掉护腰带,恢复腰部的正常活动,并加强腰部锻炼。锻炼腰部肌肉力量才是护腰的最好方法,腰部

① 陈继杰.体育锻炼中的几个误区[J].辽宁师专学报(自然科学版),2005(1):58-59,77.
② 刘娜,王孝领.运动损伤处理要避免的误区[J].运动,2011(3):58-59.

锻炼可以通过简单的长凳背伸、俯卧两头起、俯卧对侧肢体抬高等进行。

十三、扭伤后应立即按摩

有些学生在发生扭伤后的第一反应就是按摩受伤的部位,其实这样做不利于受伤部位病情的好转。因为,扭伤是因为关节活动超出了正常的生理范围,导致韧带、肌肉和肌腱过度拉长,上述部位肌纤维与毛细血管断裂。损伤部位会因血液流入组织间隙引起血肿,同时毛细淋巴管因损伤不能把过多的组织液运走,也会造成水肿。按摩的主要作用是加速血液循环,而扭伤后立即按摩会增加毛细血管的出血量,会加重肿胀和疼痛。正确的做法是及时地冷敷,这样做可使血管收缩、缓解肿胀。一般情况下,发生扭伤24～48小时后,损伤部位的内出血才会停止,这时可用温热毛巾热敷或按摩以消肿和促进血液吸收。

十四、经期不能进行体育锻炼

有些女生认为经期不能参加任何项目的锻炼,这是错误的认识。女生在经期会由于子宫盆腔充血以及性腺分泌的作用,出现腰酸、腹胀、腹部下坠等轻度不适或精神不好,全身乏力,头昏发困等现象,但这些是正常的,并不是病症。研究证明,身体健康的女性在经期进行适当的体育锻炼会改善盆腔的血液循环,减轻盆腔充血并且有助于调节大脑的兴奋和抑制过程,减少不舒适的感觉。在经期进行体育锻炼,即使稍有轻微的反应,如经期延长、血量稍有增加,都属正常现象。当然,月经期间应该避免剧烈运动和腹部运动,以免造成经血过多或子宫移位。经期也不宜下水游泳,以免病毒、病菌入侵,引起内生殖器官的炎症。

十五、仰卧起坐可减肚子

有些学生认为"仰卧起坐可以减肚子",其实这种认识是片面的。"减肚子"顾名思义就是要减少囤积在腹部的脂肪。仰卧起坐的主要功能是通过锻炼腹肌增强腹部肌肉力量,是一种腹肌锻炼常用的方法,但对降低腹部局部脂肪含量的作用并不明显。

对于腹部脂肪的减少,国家体育总局体育科学研究所徐建方的建议是:①改变久坐不动的不良习惯,每坐半小时后起身站立或轻微活动5分钟;②根据实际情况,可通过步行的方式增加能量消耗,达到每周2～3次,每次30分钟及以上的推荐量;③在空闲时间进行俯卧撑、靠墙撑、蹲起、开合跳等动作练习,条件允许的情况下,可增加卷腹(仰卧起坐)、两头起等动作练习;④周末多与家人共同进行骑行、爬山等户外活动或球类运动;⑤应养成良好的睡眠习惯,形成有规律的睡眠,过分熬夜会改变身体激素水平,增加脂肪堆积。

十六、运动停止马上休息

有些学生在体育锻炼后马上坐下来休息,这是不对的,正确的做法是要做些整理活动。因为整理活动能够加速体内乳酸的消除,减弱由于运动引起的肌肉酸痛和僵硬状态,加速肌肉疲劳的消除和促进恢复,另外整理活动能加速呼吸运动和促进血液循环,尽快地偿还运动中出现的氧债。如果剧烈运动后立刻停下来,下肢毛细血管和静脉失去了肌肉收缩时对其挤压作用,但心脏活动仍处于较高的水平上,加上血液本身重力的关系,致使下肢静脉血返回困难,造成大量血液积聚在下肢舒张的血管中,引起暂时性的大脑缺血,轻者面色苍白、头晕耳鸣、双眼发黑、全身乏力、恶心等,重者失去知觉、突然昏倒。

十七、错误地使用跑步机

随着经济水平的提高,利用跑步机进行身体锻炼已经不是什么问题。但是,一些学生在使用跑步机进行锻炼时,双手会紧握扶手。他们认为这样跑步比较轻松,殊不知消耗的热量较摆动双手姿势跑步要少。因此,在熟悉了跑步机的用法后,锻炼者应该放开手,让双手自由摆动起来以达到更好的锻炼效果。另外,跑步时上身要挺直,不要向前倾,否则对关节的磨损会增大。

十八、塑形与减脂相混淆

当下,很多学生都特别在乎自己的身材,也有很多学生希望通过身体锻炼打造自己的完美身材。但是,锻炼期间出现了一些错误做法。例如,一些女生常常针对身体的某个部位进行体育锻炼,期望能集中减少那里的脂肪。以腹部或臂部有赘肉的学生为例,他们会不断地做仰卧起坐或举哑铃。殊不知,这些运动可以强化腹肌及上臂肌等肌肉,实现塑形的功能,但不能实现腹部或臂部减脂功能。其实,最有效的燃脂体育锻炼方式是进行有氧运动。

十九、饿着肚子做运动

很多学生习惯早晨起床或放学后直接进行空腹锻炼,其实这是不正确的做法。一些学生不吃饭进行锻炼主要是担心吃了东西影响减肥效果。其实,合理地进行体育锻炼,需要有一定的能量加以保证,而饿着肚子做运动无异于开着一辆没有油的坦克,威力使不出来。因此,锻炼前如果是空腹,就要先补充一些易消化的食物,比如一根香蕉、几块饼干。

二十、饭后立刻进行体育锻炼

有些学生会因"饭后'百步走',能活'九十九'"说法而在饭后进行体育锻炼。其实,这是一种错误的解读。"饭后'百步走',能活'九十九'"是一种养生保健的观点,是告诉人们饭后应该适当加以锻炼,从而促进消化,获取健康。但是,并不是告诉我们饭后马上就去运动,因为这样做会因运动量的增加影响消化道对营养物质的吸收。一般而言,建议饭后30分钟后才开始进行相关体育锻炼且要坚持从小到大的锻炼原则。

二十一、运动一停体重就回

在学生减肥的群体中,有这样一种说法:运动一停,体重就回。意思就是说,在通过体育锻炼实现减肥的过程中,一旦停止了运动,体重会反弹。其实"反弹"的罪魁祸首是不科学的饮食。运动锻炼所消耗的脂肪主要由两部分组成:以前蓄积的脂肪和训练时摄入多余热量而蓄积的脂肪。体重反弹是停止训练后,不注意自身饮食的科学调配,摄入过量的食物,造成多余热量重新转化为脂肪,蓄积在体内的结果。

二十二、疼痛说明锻炼得好

有学生会认为在体育锻炼过程中出现肌肉疼痛是一种正常的现象,说明自己的体育锻炼起到了效果。其实,这是一种片面的认识。的确,在体育锻炼过程中肌肉会因疲劳产生一定程度的疼痛,但是过分的疼痛只能说明你锻炼过度或方法不当。因此,在体育锻炼的过程中要根据自己身体变化及时调整锻炼方案。

二十三、劳动者不需要锻炼

体力劳动和体育锻炼有很多相同的地方,如都是肌肉的活动,对心、肺、肾等器官都有锻炼作用。但是,体力劳动并不能代替体育锻炼,从事体力劳动的人,也同样需要积极进行体育锻炼。

二十四、晨间树林适合锻炼

锻炼身体,选择时间和环境非常重要。大多数人喜欢早起到树林中锻炼,他们认为树林中空气新鲜。研究证明,由于没有阳光照射,树木本身的呼吸作用会产生大量的二氧化碳,长期在树林中锻炼的人锻炼后容易出现头昏、身体不适的感觉,严重者会引发中毒。不少人喜欢在浓雾弥漫的早晨锻炼身体。但实际上雾天积聚的废气不容易消散,其中含大量的有害物质和灰尘、烟尘、病原微生物。雾中锻炼会增加有害物质的吸入,从而导致气管炎、咽喉炎、眼结膜炎和过敏性疾病。

二十五、散步也是一种锻炼

散步是一种比较好的健身手段,可以起到健身的作用。但是,散步运动量偏小,对心脏刺激不够大,对其他器官锻炼较小,消耗热量少。据调查,散步时所消耗的热能仅比睡眠多一倍。心率为170次/分钟时消耗的热能比安静时大8.5倍,心率为137次/分钟时消耗的热能比安静时也大3倍。散步时一般人心率大概只有80次/分钟,说明活动量较小。因此,不妨将慢走改为快步走,走路时快慢结合或跑走结合,这样活动量比较大,消耗的热量就会增加,心肺功能的提高更明显。

二十六、运动之后洗热水澡

有些学生喜欢在体育锻炼后洗热水澡,因为这样可以让他们感觉非常舒服。但是,这样的做法并不可取。因为在运动时流向肌肉的血液会增加,心肌血液同时增加以适应运动所需。体育锻炼结束后,加快了的心跳和血液流动仍会保持一段时间。如果立即洗热水澡,会使血液流往肌肉和皮肤的量继续大增,使剩余血液不足以供应身体其他器官的需要,尤其是心脏和脑部,会导致心脏病突发和脑部缺氧。因此,体育锻炼后不要马上洗热水操。

二十七、剧烈运动后饮啤酒

一些大学生在参加完体育锻炼后会找个地方饮啤酒以解渴,其实这是一个非常不好的习惯。医学证明:人在做完15分钟运动后,马上喝一大杯(633毫升)啤酒,血液中尿酸和次黄嘌呤(可转化为尿酸)的浓度比运动前明显增加。当尿酸在体内有排泄障碍时,就会在人的关节处沉积而引起关节炎和痛风症。因此,剧烈运动后,切勿饮啤酒。

二十八、经常跑步会伤膝盖

有些学生认为经常进行跑步会对膝盖造成伤害。膝关节是人体运动最多、负重最大的关节之一。一般来说,膝关节发生扭转最容易导致损伤。例如,足球或篮球运动中的变向、转身等动作,容易造成膝关节扭伤。而跑步运动的行进路线多为直线,因此对膝关节造成的伤害并不大。

二十九、重视专项忽视一般

很多学生在进行体育锻炼的过程中非常重视专项锻炼,对一般锻炼较为忽视。例如,长期进行羽毛球锻炼的学生持拍手臂明显比非持拍手臂粗壮,经常踢足球的学生下肢强壮而上肢略显消瘦。这些事例都集中呈现出一般训练的缺乏。一般训练指为了身体的全面发展而进行的广泛性训练活动。若想拥有一个匀称又健康的身体,一般训练是必不可少的。例如,喜爱乒乓球、羽毛球、网球这类运动的学生在运动之余应注重非持拍手的力量训练,而足球、自行车、跑步这类运动锻炼者应注意上下肢的协调发展训练,适当地给予上肢负重,如引体向上、俯卧撑、仰卧起坐等。

第二章 课外体育锻炼的积极作用

　　课外体育锻炼是学校体育的重要组成部分,是提升青少年健康体质、发展学校体育的重要路径。课外体育锻炼是指以在校学生为主,在校内或校外进行的以身体活动、健身活动、各种竞赛以及大型学校综合体育活动为主要锻炼手段,通过有组织、有纪律的班级、团队为基本单元,以满足身体、心理、社会适应能力发展的体育活动。课外体育锻炼具有多元性、情境性、动态性、偶发性、隐蔽性等特征。

第一节　课外体育锻炼有利于大脑功能发展

　　人类的大脑一直是科学家们不懈研究的一个重要领域。大脑包括端脑和间脑。端脑是脊椎动物脑的高级神经系统的主要部分,由左右两半球组成,是人类脑的最大部分,是控制运动、产生感觉及实现高级脑功能的高级神经中枢。脊椎动物的端脑在胚胎时是神经管头端薄壁的膨起部分,以后发展成大脑两半球,主要包括大脑皮质、大脑髓质和基底核等三个部分。大脑皮质是被覆在端脑表面的灰质,主要由神经元的胞体构成。皮质的深部由神经纤维形成的髓质或白质构成。髓质中又有灰质团块即基底核,纹状体是其中的主要部分。科学合理的体育锻炼对于人的大脑功能有以下几个方面的作用。

一、有利于增强记忆力

　　体育锻炼能让前额皮质大量神经元细胞快速"工作",有效优化前额叶皮质,提高学习能力和启动积极行为模式,有助于增进锻炼者自我效能感。前额叶皮质属于大脑最前方的皮质区域,是存放工作记忆之处,能将资讯加以分析、排序、集中,也可以与小脑和基底核合作,让一些特定功能得以顺利进行,且维持资讯往返的规律性,负责统筹人的生理和心理活动,透过大脑最周延的神经网络接受讯号、发布指令。根据脑部扫描的研究,当青少年在学习一个新字时,前额叶皮质区会因为开始活动而亮起来,一旦神经回路在谷氨酸的发射下建构完成,字也学会了,前额叶皮质区就会暗下来,监督工作由其他脑区进行接力,因此前额叶皮质是大脑的重要区域。动作复杂的体育锻炼将利用到前额叶皮层和额叶后三分之二部分,尤其是背外侧额叶在内更大范围的重要脑区控制①。医学家研究发现做伸展运动能帮助大脑分解和释放一种会破坏大脑"记忆中心"的物质——"皮质醇",同时能减缓大脑前额区域的新陈代谢。

二、有利于增强反应力

大脑是适应性很强的器官,越使用就变得越灵活。大脑必须时时注意接收进来的刺激,当感觉运动区域收到大脑的指示时,把它暂存成工作记忆。任何比走路还要复杂的肢体技巧都需要学习,刚开始学习时会出现退缩和手忙脚乱的现象。随着神经回路连上小脑、基底核,前额叶皮质区开始活跃起来,学习的动作变得更准确,通过反复练习,大脑神经纤维外层会形成更厚的髓鞘,提升讯号传递的品质和速度,进而增加回路的运作效率。无论是瑜伽、芭蕾、探戈、体操、滑冰还是空手道,这些训练都会与脑部的神经细胞产生关联。如,学习探戈时,需要判断舞伴动作并及时做出相关反应,要求较高的注意力、判断力和动作精确度。通过长期的锻炼,能扩充和丰富大脑各神经回路,使脑部神经细胞之间产生紧密关系,从而增强大脑的可塑性。

三、有利于增强注意力

注意力是认知系统的核心功能,并调节其他认知功能。注意力网络系统可分为三种:警觉网络、定向网络和执行控制网络。通过神经成像分析揭示它们各自有特定的注意功能,并且三个网络之间几乎没有重叠。警觉网络与维持一定程度的唤醒和持续警惕有关,定向网络允许从多个感官输入中选择信息,执行控制网络与监控和解决冲突的能力有关。一次急性体育锻炼不是引起全面注意力网络改善,而是选择性地加强执行控制。因此,体育锻炼能促进青少年的执行控制网

---

① 林显虹,李丹.体育锻炼对青少年脑功能发展的影响研究[J].长春师范大学学报,2019(4):127-130.

络,提高监控和解决冲突的能力。

四、有利于增强认知力

体育锻炼涉及肌肉对骨骼的拉伸和能量的消耗,是一种旨在促进健康、提升运动技能,且具有计划性和重复性的身体活动。从锻炼特征的角度讲,不同类型(如耐力训练、协调训练和拉伸训练)、强度以及持续时间的体育运动均能够促进认知能力。从训练效果角度来讲,体育锻炼也能提升不同类型的认知功能(如视觉记忆、听觉记忆、问题解决能力和认知控制能力等),且促进效果能够在锻炼结束后维持一段时间。体育锻炼能够促进脑血管生成,改善脑细胞的营养供给和能量代谢过程,并最终提升脑可塑性。运动能够对认知能力起到"防患于未然"和"亡羊补牢"的双重保护作用[①]。

五、有利于增强控制力

有一定技巧性的复杂运动,包括球类、爵士舞、拉丁舞等,它们需要身体多个部位协调配合,有助于锻炼大脑的控制力。在进行这些运动时,常常需要用脑思考。例如棒球手在投球时需要思考如何运用手臂的细微动作投出各种变幻莫测的球;舞者不只要舞动身躯,还要注入情绪,一个眼神、一个表情都要经过设计;飞镖运动,大脑左右半球紧密配合,眼、心、手协调一致。

第二节　课外体育锻炼有利于心脏功能提高

让身体活动起来是让心脏保持健康最好的方法之一。研究发现,体育锻炼可对以下四个与心脏健康有关的因素带来直接、可衡量的好处[②]:

第一个是血压。运动后可在长达13小时内使血压降低。定期运动可以使收缩压平均降低5~8个点。

第二个是焦虑或抑郁。运动可能会使焦虑症状立即得到缓解。从长远来看,运动锻炼也可以降低抑郁症的患病风险。这些不良的精神健康状况也渐渐被认为与心血管疾病有关。

---

① 夏海硕,丁晴雯,庄岩,等.体育锻炼促进认知功能的脑机制[J].心理科学进展,2018(10):1857-1868.
② 林振升.锻炼有益身心健康[J].心血管病防治知识(科普版),2019(3):24-26.

第三个是胰岛素敏感性。胰岛素是一种有助于控制体内血糖的激素。运动锻炼可以改善身体对胰岛素的敏感性。良好的胰岛素敏感性可以降低2型糖尿病的发病风险。

第四个是睡眠。运动锻炼可以帮助更快地入睡,提高睡眠质量(这意味着花在床上的时间更多是用来睡觉),并帮助睡得更沉。运动还可以带来其他的好处:减少白天嗜睡以及减少对安眠药的需求。值得注意的是,运动锻炼对失眠(难以入睡和睡眠易醒)患者以及患有阻塞性睡眠呼吸暂停(以呼吸暂停为特征的夜间呼吸障碍)患者也可以带来类似的好处。

体育锻炼对于提高健康水平还表现在改善体形和体态上。长时间伏案学习,容易养成不良的身体姿态,加之缺乏体育锻炼或有针对性训练,身体脂肪堆积过多或肢体不灵活,严重降低了本身的形象。通过有针对性锻炼,能使脊柱保持富有弹性的健康状态,可以改善各种背痛和比较轻微的脊柱错位;可以提高平衡感和专注能力,纠正不良体态;可以消除由于疲劳产生的疼痛和僵硬,同时能减少腰部、腹部、背部的脂肪,能够拉紧身体各部位的肌肉,使全身的肌肉紧致,从而使身体线条变得更美观①。

除此之外,体育锻炼还可以防止肠胃疾病的发生。随着现代生活节奏的加快,以及不良饮食习惯的影响,肠胃方面出现病变的人越来越多,常见的疾病有各种急/慢性胃炎、肠炎、胃下垂、肠下垂等,使得人们出现一些像胀闷、恶心、多气、消化和吸收能力下降等不良症状,给人们的工作和学习带来了极大的不利。而适当的体育锻炼,尤其是腹部的锻炼,可以有效增强腹肌的力量,调整胃肠道的紧张度,促进胃肠的蠕动功能,从而大幅度减轻上述不良症状,减少各种肠胃疾病的发作。

第三节　课外体育锻炼有利于规则意识养成

"没有规矩,不成方圆",这句话道出了规则、规矩的重要性。规则意识,是指发自内心的、以规则为行为准绳的意识。规则意识是学生的必备素养,学生规则意识的养成关系着未来社会的道德规范水平,体现着一个民族的文化素养水平。早在2014年3月,教育部就印发了《关于全面深化课程改革落实立德树人根本任

---

① 白露,李森林.体育锻炼对青少年的多重价值研究[J].体育世界(学术版),2018(12):66-67.

务的意见》(以下简称《意见》)。《意见》中第一次提出了核心素养体系建设,对学生的核心素养进行了界定,即学生核心素养是指具备适应终身发展与社会发展需要的必备品格和关键能力。"体育品德是体育学科学生核心素养的三大内容之一","规则意识是体育品德的基本属性之一"[①]。学生担负着民族的希望和国家建设的重任,国家能不能够繁荣昌盛,在很大程度上取决于当代学生的规则意识养成。如果一个人没有一定的规则意识,那么这个人的行为举止将会因缺少约束性而出现各种问题。如在战争中,没有规则意识的战士就容易丧命;在社会生活里,没有规则意识就有可能与他人发生矛盾,甚至会触犯法律,走上犯罪道路;在各种比赛里,没有规则意识就有可能因犯规而被淘汰出局。

一、规则定义与内涵

何为规则?规则就是一个条例或者一种制度,它是依据一定的环境制定出来的。规则有着多种多样的形式,有书面形式的成文制度与条例,还有约定的、不成文的规则。规则要对个人行为举止进行一定的限制与制约,社会中的各种规则主要是为了维持社会秩序而设定的。不管规则是如何制定的,只要出台就有一定的约束性。

二、规则意识的特征

"体育规则"和"运动规范"是开展体育活动的基础条件[②]。运动竞赛规则作为竞赛场上的"法",保证着竞赛活动的有序进行和持续发展。运动竞赛规则是一种特殊的群体规范,是以技术规则为基础的、以道德规则为导向的、人为设计的游戏规则,具有规范性、概括性和可预测性等基本属性。没有规则,就没有体育运动,无论是谁,要想进行体育运动,必须遵守相应的项目规则。以百米短跑为例,如果运动员在发令枪响前发生了抢跑行为,哪怕仅仅是0.001秒,那他也得为自己的行为付出代价。在2011年韩国大邱田径世锦赛男子百米决赛中,传奇巨星博尔特就因为抢跑而被罚下赛场。又如在足球比赛中,作为集体比赛项目更需要团队成员之间的相互配合,一方面场上的队员要在比赛规则的允许内比赛,不能有任何违规行为,另一方面要思考如何在规则的许可内利用规则,最大限度发挥出集体

---

① 柴建民.谈体育课如何渗透核心素养中的规则意识[J].体育教学,2017(2):34.

② 蒋美茹,王宗平,丁轶建.学校体育,是培养"规则意识"的最好途径[J].中国学校体育,2018(12):28.

优势赢得比赛。比赛规则是保证比赛有序进行及约束个体行为的重要条件。不论集体运动项目，还是个人运动项目，都必须遵循运动规则，否则将被淘汰出局。

竞赛规则作为竞赛场上的"法律"和"政策"无时不用，无处不用。它一方面约束运动员，保证竞赛公平进行，另一方面促进足球运动员战术水平的发挥。一个具备良好规则意识的运动员在比赛时能保持心理平衡，用足用活"政策"，更全面地发挥战术水平，在激烈的比赛中保持较高的水准。在足球运动中，守规则即可以取得更大成绩的结果，能够激发学生在学习、生活中遵守规则和使用规则，给学生自身带来更大的好处。

人的行为举止只有在一定的范围里可以得到肯定。对于人的行为举止的肯定也是有多种形式的，如社会肯定、其单位、部门或个人的肯定等。约束力关系到每一个人的切身利益，因此，规则的约束性是普遍存在的，也是永远不会消失的。世界上所有存在的事物都是有自己的一套生存规则，特别是各种法律法规，规则性更为突出，这是我们永远都要遵守的。

三、规则意识的形成

规则意识的形成本质上是一个心理过程，是通过人们的心理活动把规则内化为意识、外化为行为习惯的过程。人类个体对规则产生敬畏之心是规则意识的开始阶段。只有人们意识到服从与遵守规则符合自身利益，才会自觉认同和接受规则的价值理念，从心底尊重规则、敬畏规则，促使服从与遵守规则成为社会成员的必然选择[①]。规则是一个组织在解决问题和应对压力的过程中累积遗留下来的剩余产物。也就是说，规则对于问题的解决和压力的应对曾经产生过很大的作用，使得规则拥有了一定合法性和权威性。虽然随着问题的逐步解决和压力的逐步减轻，规则的合法性和权威性会遭受到一定程度的怀疑和挑战，可是，规则一旦形成之后，它的变化过程会比较慢，会有一定的滞后性，这样一来规则的权威性就会被顺延下去一段时间，使得人们对于规则还继续保留着一定的敬畏之心。规则本身的权威性和人们对规则的敬畏之心，对于维护好社会的良好秩序是非常必要的。可以讲，规则意识就是从敬畏之心开始的。

综上所述，一个人有没有一定的规则意识，不但会对一个人的办事效率的高低产生影响，而且会直接决定一个人的人生之成败。规则意识的形成和培养不是

---

① 黄晨熹.哪些因素阻碍了规则意识培育[J].人民论坛,2018(22):74-76.

一天两天就能够完成的,而是要经过长时间不间断地努力才能够做到的。

第四节　课外体育锻炼有利于健康观念形成

2012年7月,年仅25岁的浙江广播电台女主播心肌梗死;2012年11月,广州马拉松比赛中,2位分别为21岁、25岁的小伙子先后猝死;时隔几天,上海东华大学松江校区,一名大三男生在跑完1 000米体质测试后晕倒,抢救无效致死……纵观近年的报纸和网络,"白领过劳死""年轻人猝死"之类的新闻时有出现。一方面是中国经济的蓬勃发展,人民物质生活水平的提高与富足;另一方面是少数人的身体素质不断下降,尤其是青少年的体质堪忧。

世界卫生组织(WHO)研究发现,影响健康因素中,生物学因素占15%,环境影响占17%,行为和生活方式占60%,医疗服务仅占8%[①]。生活方式很大程度上决定了健康的程度,只是在这方面我们仍有许多功课要补。有些人吃饭靠外卖,通宵打游戏,长期不运动,"宅"的状态换不来强健的身体;有些人指望通过服用各种各样的保健品,以求营养补充、健身美容等功效,或迷信那些宣扬"神奇疗效"的养生疗法,甚至坠入养生忽悠的陷阱。凡此种种,说明人们在健康方面要么缺乏自律和科学的生活方式,要么渴求健康但健康素养不高。

世界卫生组织1978年的健康定义是:健康不但指一个人没有疾病或虚弱现象,而且指一个人生理上、心理上和社会适应上的完好状态。我国学者范振英通过研究给健康赋予了新的定义:"健康"是"健康状态"的简称,它具有生理、心理、适应社会、适应自然等方面的内涵[②]。其进一步阐述:立足宏观看人体,人要活着,就要有活力,这里称为健康活力。在新的健康理念中,健康活力是指人抵御对躯体和心理的伤害,以及适应社会、适应自然等诸方面具有的能力。与健康活力相对的是伤害因素,它是指能伤害人的生理、心理、适应社会、适应自然的因素。在一定的健康活力和伤害因素的共同作用下,人必然呈现出一种状态,称为健康状态。

据美国心脏学会对2万余名40~80岁无心脏疾病的男性为期三年的跟踪调查发现,每周进行1~2次中等以下强度的体育锻炼,患心梗的危险可减少36%;

---

① 周磊.健康也是一种责任[N].湖北日报,2019-07-18(5).

② 范振英.健康新定义的提出[J].医学争鸣,2014(3):9-12.

每周进行3~4次中等以下强度的体育锻炼,患心梗的危险可减少48%。在这期间所调查的人群中,有700多人发生了非致死性心肌梗塞,近300人死于冠心病,而这些人大多是不参与运动或运动很少的[①]。

第五节　课外体育锻炼有利于触摸科学规律

健身锻炼是指通过各种方式的体育锻炼,达到提高内脏器官,尤其是心血管系统的机能平衡,最终达到增强体质的目的。按内容可分为三类:有氧运动、伸展性运动及力量性运动。有氧运动,如步行、慢跑、游泳、自行车、滑冰、上下楼梯等,可根据自己的目的选择。对于一般人来说,运动太少或者过度都是有害的。有的人听说"每天必须走一万步",照此执行,结果三个月后住院了,因为运动量过大,膝盖积水。2012年11月广州举办马拉松比赛,导致两名年轻人因剧烈运动死亡。因过度运动致病、致死的人屡屡出现。每个人体质不同,一定要根据自己当时的体质决定运动量,运动必须个性化、科学化,即个性化科学运动。严格讲,运动和饮食一样,都是一门个性化的科学。体育健身含有对身体的双重效应,即有可能增进健康,也有可能危害身体。体育健康效应是通过体育健身与锻炼反映出对人体发育强身、保健、康复有着积极的促进作用,而那些对人的生理、心理有着负面影响的不适宜健身的项目、形式、方法、运动量、心态和环境等,不仅不能强身健体,还会有损于人体健康,引发各种病魔的出现,加重病情[②]。

一、体育锻炼项目需要恰当选择

实践证明,学生在课外体育锻炼中要科学选择锻炼项目。一般而言,学生要对自己的运动能力和锻炼知识有较为准确的了解,这样才能提高锻炼项目选择的科学性。切记,不可盲目选择或轻易模仿他人,不要采取"拿来主义"。

二、体育锻炼强度需要适宜

运动能力的提高是有一定发展规律的,不能急于求成,一口吃成大胖子。实际锻炼过程中,一定要根据自身的实际情况,选择合适的运动强度,从而实现循序

[①] 曲新艺,刘英伟,刘海江.浅议体育锻炼防病治病的双重价值[J].长春师范学院学报,2006(6):137-139.
[②] 胡海鹰.体育健身与科学锻炼[J].贵州体育科技,2005(2):16-18,15.

渐进式提高。例如,在耐久跑的锻炼中,可以根据自身情况分阶段进行提高,依次进行600米、700米、800米、900米、1 000米以及更长距离的锻炼。通过选择适合自身发展的体育锻炼方法、锻炼内容,进行科学、有效的体育锻炼活动。

三、体育锻炼内容需要全面

不同的项目锻炼,所引起的人体的生理变化和机能适应各不相同。例如,长跑侧重于学生肺活量和耐力的提高,吊环则能快速增强手臂的力量。大学体育的教学内容包括跑、跳、投、攀爬、悬垂、支撑以及球类、搏击类、户外运动、游戏等丰富的项目,目的就是使身体得到全面锻炼,对良性适应起到促进作用,从而促进身体各部分组织器官的整体发展,使身体素质和运动能力得到综合提高。反之,如果只是单凭兴趣,喜欢什么项目就只练什么,则可能造成身体发展的不均衡和不协调。

四、体育锻炼需要做到持之以恒

(一) 体育锻炼要循序渐进

俗话说"一口吃不成大胖子",强健体魄、完善素质、提升机能、形成技能,不可能一蹴而就,而是需要在长期的运动中,在反复刺激下,在大脑皮质中建立起动力定型,进而形成动力定型条件反射,使得机能逐渐适应、积累、提高,逐步、依次、循序地发生变化,拔苗助长不但不利于健康,甚至会造成身体损伤。

在体育锻炼的过程中,运动负荷(指体育锻炼时身体的生理负荷量)直接影响人体机能的变化,进而对锻炼效果的优劣产生作用。如果负荷过小,就无法促进机体变化,达不到锻炼身体的目的;如果负荷过大,超出了机体所能承受的范围,就会引起睡眠不宁、食欲不振、长期疲劳等不良反应。正确的做法是以一定的运动负荷量作用于身体,一定的次数和时间后,引起了身体的适应,然后再依据人体对运动的适应性变化,有计划地逐步增大运动负荷,使身体产生新的适应,最终达到增强体质的目标。运动负荷的大小因人、因时而异,同一个人,不同的机能状态下对负荷的承受能力也不尽相同。一般而言,每次体育锻炼后感到稍累,但没有不良反应,通过休息恢复较快,这样的运动负荷基本是合适的。

(二) 体育锻炼要坚持不懈

从生物学的角度看,人体的发展既不能立竿见影,又不能一劳永逸。根据"用进废退"的原理,人体对体育锻炼的适应呈现出经常锻炼则进步、发展,"三天打鱼,两天晒网"则退步、削弱的变化规律。运动停止后几周,由于热量消耗减少,脂肪开始增长,肌肉逐渐萎缩,技能也会消退。古语说得好:"动不在三更五鼓,炼只怕一曝十寒",所以,需要树立终身体育的理念,日、周、月、年持续地进行体育锻炼。

五、体育锻炼热身需要保障到位

锻炼开始时,要重视准备活动。准备活动就是在体育锻炼前,根据体育项目的特点,相应地活动身体各部位。其作用在于提高神经中枢的兴奋性,加强心肺功能,使肌肉、肌腱、韧带处于伸展性良好的"工作状态"。它是人体从相对安静状态过渡到剧烈运动状态,克服生理惰性,进行自我保护的有效措施。尤其是在气温较低、气候寒冷的季节,更应该重视锻炼前的热身活动。

锻炼结束后,要做好整理活动。整理活动的作用在于通过比较轻松、舒缓的身体活动,使各个组织器官从紧张的运动状态中松弛下来,增加吸氧量,"冲刷"体内的乳酸,从而加速疲劳的缓解和消除,使肌肉疼痛感大大降低。例如,急速奔跑到达终点后,借助惯性再慢跑一段直至放慢到步行状态,目的就在于此。

健身要讲究科学,不能盲目自创方法,否则有可能"损身"。锻炼身体不是一蹴而就的事情,需要循序渐进、持之以恒,方能奏效。无论选择哪一种方式,都要视自己的身体状况对"症"锻炼。

第六节　课外体育锻炼有利于践行公平竞争

竞争无处不在,当生命需要的广泛性与维护这种需要利益的有限性之间发生强烈冲突时,竞争就不可避免。竞争是竞技体育的灵魂,竞争性是体育的本质属性之一。现代竞争是指在特定的领域内各相关主体为了获取更多的特定利益或创造更有利的生存发展条件,以其他相关主体为对手的互相争胜的行为。体育运动领域中的竞争是双方或多方在规则限定下追求卓越、永争第一的努力拼争,对立或竞争既可能发生在个人与个人之间、团体与团体之间,也可以是人与自然环境之间。

一、何为公平竞争

公平,意思是,作为一种道德要求和品质,按照一定的社会标准(法律、道德、政策等),遵循一定的秩序,合理地待人处世。体育比赛中的公平竞争,是指在体育竞赛领域内,具有同等权利的竞争主体,遵照同一的规则,在体育道德的规范和同等的外在条件下,互相争胜的行为。

二、体育锻炼与公平竞争

一个"体育场"就是一个小社会,荣辱得失、兴衰成败每天都在上演。竞争是体育的外在表现形式,源自对日常生活中竞争现象的模仿,体育的各种规则便是体育场上的"道德"和"法律"。竞争性为人们追求卓越和享受刺激创设了虚拟的争斗情境[①]。人类身体的运动最直接地展现着自身的本质。力量与美、崇高与荣耀等,都可以通过身体的运动和接触来表达。

公平竞争精神是以权利一致与机会均等作为其道德基础和基本准则的;作为人类社会特殊领域的活动方式,公平竞争表现出的是一种正确的行为状态;作为奥林匹克运动道德体系中最基本的内涵和基础,又以一种特有的思维模式深刻地影响着现代体育的健康发展;作为人类社会中特有的社会现象,公平竞争在传承人类精神遗产的同时,发展和升华了这一精神内涵,从而使其自身发展成为具有普遍意义的一种人类文化观念[②]。

竞争意识的形成,表现为学生在各种场合中,自觉地以认识为基础,以情感为动力,在意志参与下,能够表现出一种不甘落后、敢于挑战自我、挑战他人的欲望和行为。这其实是一种竞争策略,学生能合理选择竞争对手,制定获取竞争胜利的措施。再者,可用自己的特长项目与他人相比较,获得心理上的平衡。如在力量性项目上比不上"竞争对手",可以在有一定优势的项目上与之相比较:你投掷好,我前滚翻做得好,你跳得远,我投篮命中率高,你爆发力强,我柔韧性好等,从不同的角度比较、评价,给学生营造一种宽松的、有利于身心和谐发展的健康氛围,调动每个学生参加体育锻炼的积极性,增强学生的参与意识,转变学生的学习方法,充分调动、发挥学生主体性的多样化的学习方式,促进学生在教师指导下主

---

① 杨忠伟,赵国炳.体育与竞争性[J].体育学刊,2011(4):7-13.

② 戴小涛,姜晓宏.体育公平竞争的意蕴[J].沈阳体育学院学报,2012(6):50-52.

动地、富有个性地学习,让体育与健康课堂精彩起来。

第七节 课外体育锻炼有利于意志品质培养

意志品质是指构成人意志的诸因素的总和,主要包括独立性(自觉性)、果断性、自制性和坚持性(坚忍性)。意志是自觉确定目的,并根据目的来支配、调节自己行动,克服各种困难,从而实现目的的心理活动。从这个解释可以知道,意志首先是一个自觉的过程,意志是一个克服心理障碍的过程,意志是一个不达目的不罢休的心理过程。意志品质好就是说人的自觉性高,果断性强,坚持性稳定且持久。这些解释可能有些过于"理论",但是,这些对于理解体育与意志品质是很有意义的。

一、意志的坚忍性

意志的坚忍性是指在意志行动中能否坚持决定,百折不挠地克服困难和障碍,完成既定目的方面的意志品质。这是最能体现人的意志的一种品质。坚忍性强的人能根据目的要求,在长时间内毫不松懈地保持身心的紧张状态,在任何情况下,都坚持不变,直至达到目的。在遇到困难时,它能激励自己树立起克服困难的信心,始终如一地完成意志行动。所谓"锲而不舍,金石可镂",是意志坚忍性的表现。

二、体育锻炼与意志品质

课外体育锻炼不仅仅对身体加以锻炼,更是对意志品质的考验。现代体育的发展,被视为一种无烟的战争,这种战争不仅包含技术和战术的考验,更是意志品质的竞争。要获得竞争的胜利,就要有坚强的意志和斗志。体育锻炼的重要表现就是要经常练习,不断克服身体的客观条件困难,如自然环境变化、动作难度的变化等以及主观条件困难等。学生通过长久的主观和客观条件的克服逐渐培养良好的意志品质,并且进一步迁移到日常的学习和生活中[①]。

在体育活动中,锻炼人的意志品质,首先是锻炼人对事物的判断,提出明确而客观的目标,其次是找到好的实现目标的锻炼手段,最后是通过克服心理与体力

① 郑峰.科学的体育锻炼对中学生身体健康的影响[J].中国教育技术装备,2009(26):107.

的障碍去实现目标。我们在参与一项运动项目的锻炼过程中,往往会遇到来自锻炼环境、自身身体疾病以及动作技术等诸多的困难。如何对其进行破解,最终完成预设的锻炼目标? 最为关键的取胜法宝,就是坚忍的意志品质。

研究表明[①],经常参加体育锻炼的学生意志品质具有较显著特征,具体表现在:男生的坚忍性和果断性明显高于女生,女生的独立性却高于男生;男生在目标清晰度、自制力、倦怠耐久度、困难承受度、决策及时性及顽强性这六个子维度上都比女生好,而女生在智源集中度这个子维度上高于男生。意志品质随着年级增加反而下降,主要表现在自觉性维度各年级学生存在差异:低年级学生比高年级自觉性更强,中年级学生比高年级处事果断性更强;中年级学生比高年级独立性更强。另外,低年级比中、高年级在自我实现欲及自制力上表现更强一些。不同运动频率的学生在果断性维度存在显著差异。每次运动时间越长者自觉性越强,每次运动90分钟以上的学生自觉性最强。运动时间与自我实现欲及自制力呈正相关。

第八节　课外体育锻炼有利于激发拼搏精神

精神具有能动性,对人的发展有着重要的能动作用。人是要有一点精神的,一个国家没有精神就没有前途,一个民族没有精神就没有希望,一个人没有精神就不会自觉全面地发展。人的精神发展越成熟,人的发展就会越自觉、越主动。精神能支配人们的行为,也是人们行动的内在动力,精神中所蕴含的理想、信念、价值观决定着人的行为取向[②]。

一、何为拼搏精神

拼搏精神是人们走向成功的重要精神品质之一。"拼"和"搏"都是形声字。"拼"有两个含义:一指凑合;二指豁出命来干,为达目的而不惜代价,甚至付出生命的代价。"搏"有三个含义:一指对打,二指扑上去抓,三指跳动。激烈对抗,在没有可能或可能性极小的情况下,放手一试,即"搏"。"拼"与"搏"从语言学上来讲都

---

① 胡淑娟,时立新.大学生体育锻炼与意志品质特征研究[J].南京体育学院学报(自然科学版),2016(5):155-160.

② 黄喆.论高校体育与大学生"拼搏精神"的培养[J].浙江体育科学,2015(5):75-78.

为动词,从字面的意思来理解均体现了人的积极主动性行为,指尽最大的力量搏斗或争取。

拼搏精神是指在一定的理想、信念驱使下,人的拼命争取、全力搏斗的意志品质。例如,中国女排在世界级大赛中曾经获得"五连冠",她们那种为了国家的荣誉、为了排球事业的发展,拼命争取、全力搏斗的意志品质就是拼搏精神,并被赞誉为"女排精神"。拼搏是一种竭尽所能,战胜对手,超越自我的精神力量,是竞技实力的重要组成部分,是当今竞技运动场上的灵魂。它既是指在竞技运动中面对强手时要充满斗志、敢于竞争、敢于胜利,又是指对自己永不满足,要超越自我,要努力进取,将个人的潜能发挥到极限。拼搏精神有着丰富的内涵,它是由运动员的信念、情感、意志、胆量等心理因素融合并生成的一种内在力量,是直接支配运动员行为夺取胜利的一种精神状态[①]。

二、体育锻炼与拼搏精神

有人曾说:"啊,体育,你就是勇气! 肌肉用力的全部含义是敢于搏击。若不为此,敏捷强健有何用? 肌肉发达有何意? 我们所说的勇气,不是冒险家押上全部赌注似的蛮干,而是经过慎重考虑的深思熟虑。"这道出了拼搏的内涵。

拼搏精神在体育活动中无处不在。2006年世界锦标赛的男篮八强赛中,中国和斯洛文尼亚的那场比赛,就因为有了运动员的拼搏精神而大放异彩。当时中国队落后两分,眼看就要被拒于八强之外了,在最后三秒钟,王仕鹏进了个三分球,使中国队的比分比对方多一分而结束整场比赛。如果王仕鹏没有一拼到底的精神,在最后关键时刻没能好好把握,只要犹豫那么一下,那男篮历史上这辉煌的一刻也就没有了。

拼搏精神是一个真正成功人所应有的精神品质之一。拼搏精神的培养需要有高度的自制力、良好的心态、坚忍的意志品质。

---

① 钟庆春.竞技体育拼搏精神的价值理念探讨[J].体育与科学,2008(2):42-44,47.

第九节　课外体育锻炼有利于培育团队意识

合作是两个以上的个体为完成共同目标而开展的协同行为,属于个体间高级的协作行为。合作的发生是因为符合彼此共同的目标并在追求共同目标的过程中相互协调、相互配合。团队合作能力是建立在团队成员对团队整体目标达成共识的基础上,团队成员为实现团队目标而主动与他人进行交流、形成信任关系,并在共同努力探索的过程中不断积累的能力。

一、合作意识的内涵

合作意识属于心理学研究范畴,是指社会个体间为达到彼此共同目标而产生合作行为的心理认知与情感,既包含对合作行为的认知水平和程度,又包含在合作行为中能够与人协调、配合完成共同目标的情感态度,通俗地理解其意义就是知行的统一。合作意识在概念上看似简单,却具有深刻的内涵,将知识、现实、认知、思考、自身与他人的关系、自身与社会的联系紧密地结合起来,是社会个体自身的情感态度价值观在日常生活中转化成个体的合作实践行为,体现人的综合能力,促进人的全面发展。

二、体育锻炼与团队合作

人的本质属性决定,人必须具备实现社会角色的能力,以人际交往为主要形式的团队合作是人类培养此能力的重要途径[①]。运动会一般都有团队比赛,一些单人项目如乒乓球、网球、跳水、游泳、跑步等,也都相应设置有团体赛。在团队比赛中,每个人的位置可能不尽相同,但他们的重要性是一样的。合作是一个团队不可或缺的中坚力量,队员相互建立信任关系,共同面对、一起担当,成员才能互补互助,整个团队才会取得进步。

篮球运动是一项靠团队合作取胜,集"集体性"与"综合性"于一身的运动项目,集体协同规律就是篮球运动的基本规律之一。篮球运动不仅要求比赛场上的每名运动员齐心协力、密切配合,还要求充分发挥教练员的指挥才能和场下替补

---

① 周栋梁.体育活动对学生团队合作能力的培养与践行——以云南师范大学附属小学为例[J].当代体育科技,2017(6):189,256.

队员的作用,将全队作为一个整体来设计战术,制定战略。在当代的高水平篮球比赛中,各个球队之间要比拼球员的技术、身体、心理素质以及球队的战术,更重要的是比拼球队的整体力量,也就是整个球队中队员的凝聚力。篮球比赛是以两队成员相互协同攻守对抗形式进行的竞赛过程,只有依靠集体的智慧和个人的技能,发挥团队精神,协同配合,才能获得最佳的效果。团队合作精神是影响球队取得优异成绩的重要因素之一[①]。

与篮球运动相比,排球运动更加注重团队配合,更能体现出团队合作的重要性。在排球比赛中,比赛双方都在利用规则允许的3次击球机会,通过精心设计和巧妙配合,在瞬息间完成完美的战术配合和激烈的攻防转换,体现了运动员高度的战术意识和队员之间的默契配合,具有高度的集体性。排球竞赛规则规定场上任何队员接对方一次来球时不能连续击球两次,不允许出现自己垫球、自己传球、自己扣球的个人进攻,每一次进攻的完成都需要队友的配合。在比赛中运动员不能使球落地,更不能用手持球,只能依靠队友之间的相互协调与默契配合来完成进攻。因此,经常参加排球运动对于培养青少年学生的团队精神与合作意识具有积极的作用。

第十节 课外体育锻炼有利于获得主观幸福感

主观幸福感主要是指人们对其生活质量所做的情感性和认知性的整体评价。主观幸福感涉及三个方面:积极情绪、消极情绪和满意感。人们总在不断地对生活事件、生活环境和他们自己进行着评价,对事物进行好坏评价是人类的共性。也正是这些评价导致了人们愉快或不愉快的情绪反应。幸福是个体根据自己的标准对其生活质量评价满意时的愉快感觉。因此,一个人幸福与否,完全取决于自己主观上如何评价自己的生活,取决于自己的主观感觉。

一、情绪对人的影响

情绪的变化影响人的肌肉、血管、内脏及内分泌腺的变化。实验证明,人处在良好情绪时,其神经系统、心血管系统、消化系统乃至运动系统都处在良好的适应

---

① 刘博.体育运动对培养青少年学生团队合作能力的研究——以篮球、排球运动为例[J].青少年体育,2014(3):114-115.

状态;而不良情绪,如忧虑、沮丧、惧怕、贪求、怯懦、忌妒和憎恨等,都不利于人的健康。据医学统计,在各种癌症患者中,心理状态不良的人占了较高的比例。由此可见,情绪对人的健康和体质状况起着重要的作用①。

二、体育锻炼与主观幸福感

近年来,在学生中出现了很多例如焦虑、抑郁等消极心理问题。这些心理的产生与学生学习和生活密不可分。如今,学习压力让很多学生会因为繁重的负担感到低落情绪的困扰,生活中出现的各种负面因素都会或多或少吞噬他们对幸福的感受。有些学生平均睡眠时间不足八小时。如果学生在生活中体会的快乐太少,那么与之相关的活动便会变成很痛苦的事情。

由于种种原因,部分学生的体育锻炼被忽视,造成他们身体素质欠佳。2010年初公布的一组国民体质报告就显示,较之2000年,我国青少年的国民体质再次下降,其中肥胖率增长近50%,而近视率从20%增长到31%。许多家长反映,书包越来越重的同时,中小学生的锻炼时间越来越少。2011年9月,教育部公布数据显示,初二年级的校园体育课及体育活动不足率高达76%。从学生的角度来讲,由于课业负担较重,体育锻炼少,一些学生上课积极性差,成功率低,逐渐丧失信心。从对家长所做的问卷调查中显示,67%的孩子在家很少锻炼,其中,14%的孩子在家从不参加锻炼。身体素质下降,体形的异常,使很多学生产生了自卑心理等消极的心理问题。

运动之所以能够调节情绪,是因为体育锻炼的参与者能体验到运动带来的愉快感觉。心理学家认为,适度的体育锻炼能够促进人体释放一种多肽物质——内啡肽,它能使人们获得愉快、兴奋的情绪体验。人体各器官系统根据内外环境的变化,总保持在相应的紧张状态。体育锻炼对神经系统、心血管系统的锻炼,可以提高人体对快节奏生活的应变力和耐受力。因此,参加体育锻炼,尤其是参加那些自己喜爱和擅长的体育锻炼,可以使人从中得到乐趣,振奋精神,从而产生良好的情绪状态。总之,参与体育锻炼的学生相较于不锻炼学生拥有的主观幸福感更为显著,且中等锻炼量更有利于获取主观幸福感。

---

① 林桂池,胡昌胜.论体育锻炼对于心理健康的价值[J].山西广播电视大学学报,2007(2):41-42.

第十一节　课外体育锻炼有利于人格全面发展

人格是指人的性情、气质、能力等特征的总和。蔡元培提出,所谓健全的人格,分为四育,即体育、智育、德育和美育。他道出了体育在塑造学生健全人格中所占的重要地位。

一、游戏比赛,培养主动型人格

主动型人格主要表现为有自己独到的见解,喜欢主动、独立地去学习体育知识,自觉参加锻炼,不易被困难吓倒,勇于质疑,勤于思考,善于张扬个性等。这是一种可贵的人格品质。体育是一种人类活动现象,也是人类的一种文化现象,它本身包含着深奥的人文内涵。体育中不仅含有竞争和对抗因素,还具有表演与娱乐的功能。比赛、竞争、对抗、参与,是一个人证明自己,从而获得自我发现、自我认同、自我肯定、自我实现和自我超越的最好途径。

二、合作学练,培养容纳型人格

容纳型人格主要指学生的合作品质,是其社会适应能力的重要体现,表现为学生具有一种兼容并蓄、宽容大度的态度,相互信任,互相配合,对事不存偏见,能接受不同的意见,懂得尊重他人的劳动成果,懂得团队精神的重要性。这是适应纷繁复杂、竞争激烈的未来社会必不可少的一种人格品质。

三、延伸思维,培养灵活型人格

思维的灵活性是指思维活动的灵活程度,涉及以下内容:一是思维起点灵活;二是思维过程灵活;三是概括和迁移能力强;四是善于组合分析,伸缩性大;五是思维的结果不仅有量的区别,还有质的区别。总之,思维的灵活性是创新的基础,灵活型人格的培养有利于创新意识和创新精神的增强,两者的和谐统一,能促进学生的个性化和创新素质的不断提高。

四、成功体验,培养自信型人格

自信心是成功的起点,前进的动力。它是一个人要求受社会和他人尊重的感情,是自我意识的表现,是学生积极向上、克服困难的重要动力之一。自信心的树立是培养学生体育情感的一个重要途径,它有利于培养学生良好的心理素质。自信心一旦形成,它的影响比外在力量干预的影响会更持久、更重要,会更有力地推动其对体育的学习。

第三章　课外体育锻炼基本术语与常识

"工欲善其事,必先利其器。""知彼知己,百战不殆;不知彼而知己,一胜一负;不知彼,不知己,每战必殆。""磨刀不误砍柴工。"诸如此类,都说明了做一件事知识与方法的掌握是非常重要的。学生课外体育锻炼过程中需要锻炼者掌握运动训练的相关知识与相关方法,从而安全、科学地完成相关的锻炼任务。

第一节　课外体育锻炼基本术语

一、自我

自我,即对自己的认知,包括学业自我、身体自我、社会自我、情绪自我、自尊、一般自我效能、自我调控七个因子[①]。

二、个性素质

个性素质是主要反映个性中对失误认识及其变化发展的乐观与悲观态度。

个性素质内容包括:(1)内倾/外倾;(2)意志;(3)冒险;(4)乐观/悲观;(5)责任;(6)耐挫力;(7)独立[②]。

三、课外体育锻炼

课外体育锻炼是在学校体育教学和体育活动的基础上,在课外时间里学生自

---

① 张力为,任未多.体育运动心理学研究进展[M].北京:高等教育出版社,2000:538-542.

② 沈德立.中国青少年心理健康素质调查研究[M].北京:经济科学出版社,2009:17.

觉地进行体育运动训练。

四、体育锻炼意识

体育锻炼意识是在锻炼过程中人脑最高级、最主要的反映形式,是对锻炼活动的自觉认识、情感和意志的统一,是人所意识到的体育锻炼中一切心理活动的总和,其具有先导性、主体性和变动性的特征[①]。

五、体育锻炼习惯

体育锻炼习惯是个体在不断的体育锻炼实践过程中,逐步形成的一种指向个体身心健康发展的固定模式,其变化体现在生理、心理、行为和社会等多个方面,是一种综合性的行为,具有自觉性、稳定性、持久性的特征。

体育锻炼习惯养成一般分为"吸引→活动意向的形成→锻炼欲求的产生→动机的确定→锻炼习惯的形成"等五个阶段[②]。

六、体育锻炼行为

体育锻炼行为是指以增加或保持健康、提升运动技能、获得运动乐趣等为主要目的的身体活动性行为。体育锻炼行为为人类所特有,由一定原因引起,为了实现一定目的而进行的锻炼活动;是因满足某种需要的动机而引发的,又是为达到一定目标,使需要得到满足的锻炼手段和锻炼过程。锻炼行为不仅是某种需要和动机的结果,还是这种需要和动机的反映。

七、身体形态

身体形态是指人体外部与内部的形态特征。

反映外部形态特征的指标有:高度(身高、坐高、足弓高等),长度(腿长、臂长手长、头长、颈长、足长),围度(胸围、臂围、腿围、腰围、臀围),宽度(头宽、肩宽、髋宽),充实度(体重、皮脂厚度等),等等。

---

① 尹志华.论核心素养下体育锻炼意识与习惯和健康行为的关系[J].体育教学,2019(6):11-14.
② 尹志华.论核心素养下体育锻炼意识与习惯和健康行为的关系[J].体育教学,2019(6):11-14.

八、运动素质

人体运动素质是人体运动的一种能力，一般指人体运动中表现出来的力量、速度、耐力、灵敏、柔韧等机能能力。能力的大小决定于肌肉的解剖生理特点，肌肉工作的供能情况、内脏器官的机能及神经系统的调节。

运动素质与人体完成各项活动、适应外界环境有着密切关系，是掌握运动技术、提高运动成绩的基础。

九、力量素质

力量是指运动时肌肉活动克服阻力的能力。肌肉收缩是人体运动的动力。在中枢系统的统一调节下，肌肉活动是人体运动的核心。

力量素质的表现形式是多方面的，一般包括最大力量（单纯力量、绝对力量）、速度性力量（爆发力）、耐久性力量（耐力）等。

十、速度素质

速度素质是指快速运动的能力，它包括反应速度和运动速度。影响速度的因素很多，除中枢神经系统外，还有肌肉的收缩特征、能力和其他协调性、机体的各种技能和技能状况。例如，奔跑速度主要是取决于步频和步长，而步频的一个最主要的因素是神经系统灵活性和协调性，因为神经系统的发育较早，成熟也早，所以步频提高应尽早进行，一般在10~13岁后步频就不再提高。步长主要取决于后蹬力，而力量在10~13岁之后才快速发展。

十一、耐力素质

耐力是机体长时间工作克服疲劳的能力。耐力是相对疲劳而言的，运动中的疲劳有多种表现形式，如感觉的、心理的和运动器官的疲劳等。不过，所有疲劳最终与机体能量供应系统和与神经系统的兴奋程度有关。

十二、柔韧素质

柔韧素质是指各关节活动的幅度、肌肉韧带的伸展能力。影响柔韧素质的主要因素是肌肉、韧带组织的弹性、关节的骨结构等。柔韧素质的训练方法有两种：

主动练习和被动练习。这两种方法又都可以采用静力性练习和动力性练习两种方式。

十三、灵敏素质

灵敏是指人体迅速改变体位、转换动作、变换身体姿势和方向的能力。灵敏与大脑皮层神经过程的灵活性有密切的关系。突然的起动急停、变换方向等,都要求兴奋和抑制过程迅速地转换。灵敏素质是人体各种能力的综合表现,在发展灵敏素质的训练中,应从培养人体的各种能力入手,培养其掌握动作的能力、反应能力和平衡等能力。

十四、热身运动

热身运动又称准备运动,是某些全身活动的组合,在主要身体活动之前,以较轻的活动量,先行活动肢体,为随后更为强烈的身体活动做准备,目的在于提高随后激烈运动的效率、激烈运动的安全性,同时满足人体在生理和心理上的需要。热身运动可以提高肌肉温度和体温,保证运动安全性;血流量增加,氧气的扩散加快,肌肉供氧增加;物质代谢和能量释放过程加强,加速燃脂;提高神经系统的兴奋性,提升运动效果;调节心理状态,快速投入运动。锻炼之前,人体的机能能力和工作效率不可能在一开始就达到最高水平,因而需要通过热身调整运动状态。

十五、动机

动机是激发和维持有机体的行动,并使该行动朝向一定目标的心理倾向或者内部驱力。它在需要的基础上产生,可以激起或抑制人行动的愿望和意图,是推动人行为的内在原因。动机是在需要的基础上产生的,与需要联系密切,但它又不同于需要。只有当需要达到一定程度时,才能成为推动或阻止某种活动的内部动力。

十六、锻炼动机

锻炼动机是指人们参与体育锻炼的原因和动力,是人们参与和维持体育锻炼行为的心理动力。按照心理学的相关解释,锻炼动机是指选择、激发、维持并强化体育锻炼活动并指向一定目标的内在动力。

十七、恢复过程

恢复过程指体育活动结束后,人体各种机能活动仍处于较高的水平,必须经过一段时间才能恢复到活动前的状态,这段时间内的机能变化,称为恢复过程。

十八、步幅

步幅是指一步的距离,以脚的中心算两脚中心的距离。

十九、步频

步频是脚步的频率,是两腿在单位时间内交替的次数。

二十、腾空

腾空是跳跃技术之一,指起跳离地后人体在空中运动的过程。为使人体在空中的运动取得良好效果,应根据需要做各种补偿动作,以抑制或利用空中旋转。

二十一、极点

极点是指进行一定强度和一定持续时间的运动时,在运动开始后的一段时间里,运动员常感到呼吸困难、胸闷、头晕,心率急增,肌肉酸软无力,动作迟缓不协调,甚至想停止运动等反应,这种状态称为“极点”。出现“极点”后,应继续坚持运动,由于神经、呼吸和心血管等系统的功能进一步提高,呼吸变得均匀而加深,动作感到轻松,不舒服的感觉消失,出现“第二次呼吸”状态。

二十二、运动量

运动量指人体在身体练习中所完成的生理负荷量。

二十三、运动表象

运动表象是指在运动感知的基础上,在大脑中重现出的动作形象或运动情景。

二十四、锻炼频率

锻炼频率是在一定时间内参与体育锻炼的次数。

二十五、诱导练习

诱导练习是指为了正确掌握动作技术所采用的过渡性练习。特点是在动作的结构、肌肉用力的顺序和机体所承受的内外刺激等方面,与所学动作大体相同但较简易。

二十六、辅助练习

辅助练习是指为了发展某一动作所需的身体素质,或为了达到积极性休息而采用的身体练习。

二十七、间歇训练

间歇训练是指在一次(组)练习后,按照严格限定的间歇时间进行积极性的休息,在机体未达到完全恢复的状况下,又开始下一次(组)练习的训练。依据运动员的心率限定间歇时间。即当心率下降至120~140次/分钟时,就开始下一次(组)的负荷练习,以便对心脏产生新的强烈刺激,有效地增进心脏功能[1]。

二十八、重复训练

重复训练是指在不改变动作结构和运动负荷的情况下,按照既定的要求,反复进行多次(组)练习,每组练习之间安排一定的间歇时间,保证机体基本恢复的练习。重复训练的主要特点有:每次重复练习的动作结构和负荷数据相对恒定,练习的负荷强度通常用接近或达到比赛的强度。周期性与非周期性项目均可用90%~100%的负荷强度练习;每次(组)练习的间歇时间充分,重复练习的负荷时间不长。

二十九、稳定状态

稳定状态指人体活动时的一种机能状态。人体进入工作后,各种生理机能惰性逐步克服,各系统、器官活动功能和工作效率提高并且稳定。

三十、整理运动

整理运动指体育活动后,为了使精神和身体都得到放松而采取的练习。

---

① 王清明,于永立.教练员的金钥匙——运动训练过程控制[M].北京:人民体育出版社,1992:42.

三十一、积极性休息

积极性休息也称活动性休息,即在体育活动时,通过转换运动练习或插些放松动作作为积极休息手段,以谋求更有效地消除疲劳,使体力尽快得到恢复。

三十二、身体姿势

身体姿势指身体及身体的各部分在练习的各个阶段所处的状态。一个完整练习的技术过程,包含开始姿势、练习过程中的姿势和结束姿势三个部分。

三十三、运动负荷

运动负荷指学生在体育运动中做练习时所承受的生理负荷,由速度、数量、密度、时间和项目特点等因素构成。

三十四、心理负荷

心理负荷指在体育教学过程中,由于课的内容、形式、方法、组织、练习等对学生心理机制产生各种不同程度的影响,造成不同程度的心理压力。这种心理压力,就是体育课的心理负荷。

三十五、有氧运动

有氧运动是指人体在氧气充分供应的情况下进行的体育锻炼。在运动过程中,人体吸入的氧气与需求相等,达到生理上的平衡状态。简单来说,有氧运动是指任何富韵律性的运动,其运动时间较长(15分钟或以上),运动强度在中等或中上的程度(最大心率之75%至80%)。有氧运动是一种恒常运动,是持续5分钟以上还有余力的运动。是不是"有氧运动",衡量的标准是心率。心率保持在150次/分钟的运动量为有氧运动,因为此时血液可以供给心肌足够的氧气。因此,它的特点是强度低,有节奏,持续时间较长。要求每次锻炼的时间不少于30分钟,每周坚持3到5次。

三十六、无氧运动

无氧运动是指肌肉在"缺氧"的状态下高速剧烈的运动。无氧运动大部分是负荷强度高、瞬间性强的运动，所以很难持续长时间，而且消除疲劳的时间也长。无氧运动是相对于有氧运动而言的。在运动过程中，身体的新陈代谢是加速的，加速的代谢需要消耗更多的能量。人体的能量是通过身体内的糖、蛋白质和脂肪分解代谢得来的。在运动量不大时，比如慢跑、跳舞等情况下，机体能量的供应主要来源于脂肪的有氧代谢。以脂肪的有氧代谢为主要供应能量的运动就是我们说的有氧运动。当我们从事的运动非常剧烈或瞬间爆发，如举重、百米冲刺、摔跤等，此时机体在短时间需要大量的能量，而在正常情况下，有氧代谢是不能满足身体此时的需求的，于是糖就进行无氧代谢，以迅速产生大量能量。这种状态下的运动就是无氧运动。

三十七、超量恢复

体育活动后，在恢复阶段，人体内被运动时所消耗的能源物质，不仅能恢复到原来水平，且在一定时间内还能超出原来水平。这一超出原来的恢复，称为超量恢复。

三十八、运动能力

运动能力一般是指机体在体育活动中，表现出来的走、跑、跳、投、攀爬、悬垂、支撑、搬运、负重、平衡、滚翻等的能力，也是人们在日常生活、劳动和运动中不可缺少的基本能力。

三十九、核心力量

核心力量是一种能力，是由附着在腰椎、髋部和骨盆联合周围的肌肉和韧带产生的力量，它在大多数竞技运动项目中都起着重要的作用，不仅能够维持身体平衡，保证专项技术动作的稳定发挥，还是运动员发力的主要环节，是上下肢协同用力的枢纽，在力量传递的过程中起到承上启下的作用。

四十、核心区域

核心区域是指人体的中间环节，是以腰椎—骨盆—髋关节为主体，包括附着在他们周围的肌肉、肌腱及韧带系统，具体可以进一步划分为核心区上部、核心区中部、核心区下部。

四十一、核心肌群

核心肌群有腹直肌、腹横肌、背肌、腹斜肌、下背肌、竖脊肌、骨盆底肌和髋关节周围的肌肉臀肌、旋髋肌、股后肌群等。

四十二、运动性中暑

运动性中暑是指肌肉在运动时产生的热超过身体能散发的热而造成运动员体内的过热状态。轻度中暑者可出现面部潮红、头晕、头痛、胸闷、皮肤灼热、体温升高等症状；严重者会出现恶心、呕吐、脉搏快而细弱、精神失常、虚脱抽搐、血压下降，甚至昏迷。出现运动性中暑后，应迅速将患者移至通风、阴凉处，解开其衣领，冷敷额部，用温水抹身，并给予含盐清凉饮料或十滴水。症状严重者，经临时处理后应迅速转送医院治疗[①]。

四十三、运动性昏厥

运动性昏厥是指运动中由于脑部突然供血不足而出现的暂时性知觉丧失现象。轻度晕厥者一般只昏厥片刻，脑贫血消除后会清醒过来，但清醒后精神不佳，仍感觉头昏。发现同伴出现运动性昏厥时，应立即使患者平卧，使足略高于头部，并进行向心方向按摩，同时指压人中、合谷等穴位。如患者出现呕吐症状，应将其头偏向一侧，以利呼吸道畅通；如呼吸停止，应立即进行人工呼吸。症状较轻者，可搀扶其慢走；症状较重者，经临时处理后应及时送往医院治疗。

四十四、延迟性肌肉酸痛症

许多人参加锻炼后发现，肌肉酸痛往往不是锻炼后即刻出现，而是在第二或第三天出现，持续2～3天后才逐渐缓解。如果说，肌肉酸痛是由于运动时乳酸积累所致，那么，应该在运动时或运动后即刻达到高峰，怎么会在第二天以后才出现呢？这种一般在锻炼后24小时后出现的肌肉酸痛在运动医学上称为"延迟性肌肉酸痛症"。锻炼后24～72小时酸痛达到顶点，5～7天后疼痛基本消失。除酸痛外，还有肌肉僵硬，轻者仅有压疼，重者肌肉肿胀，妨碍活动。任何骨骼肌在激烈运动后均可发生延迟性肌肉酸痛，尤其长距离跑后更易出现。长跑者可出现髋

---

① 黄伟明,郑印渝.新编大学体育与健康教程[M].镇江:江苏大学出版社,2014:18.

部、大腿部和小腿部前侧伸肌和后侧屈肌的疼痛,在肌肉远端和肌腱连接处症状更明显。

四十五、三大训练理论

(一)周期训练理论

周期训练理论是苏联学者马特维耶夫于20世纪60年代所创立。这是一项针对专业运动员参加国际大型赛事而专门研究出的一项科学训练理论,此项理论中科学安排的训练计划和实施方案涉及比赛的频次相对较少,分准备期、比赛期、调整期,各个时期的时间安排符合人体正常的生物节律特征。运动训练过程以循环往复、周而复始的方式进行,每一个循环的开始到结束就是训练周期。运动训练过程的周期一般分为多年周期、大周期、中周期和小周期,以这几种不同类型的周期制订各种训练计划。

(二)项群训练理论

项群训练理论是我国运动训练的基础理论,由田麦久教授于20世纪80年代创立。项群训练理论从最开始的技能主导类与体能主导类发展到现在的体能主导类、技能主导类、技战能主导类、技心能主导类等。即根据运动项目的自身特点和对运动员的能力要求等多个方面进行了科学的划分归类,将运动项目分成了若干个类型,从而更好地科学安排和训练,旨为提高训练的效率和质量。

(三)超量恢复理论

超量恢复理论是由苏联学者雅姆波斯卡娅提出来的。她的研究证明:①在适宜的刺激强度下,运动肌糖原消耗量随刺激强度增大而增加;②在恢复期的一个阶段中,会出现被消耗的物质超过原来数量的恢复阶段,称为超量恢复;③超量恢复的数量与消耗过程有关,在一定范围内,消耗越多,超量恢复效果越明显。也就是说,肌肉或者肌群在适当运动练习后,会使肌肉产生适度的疲劳,功能会下降。通过适当时间的休息,可以使肌肉的力量和形态功能等方面恢复到运动前的水平,并且在一定时间之内,还可以继续上升并且超过原有水平。随着休息的时间延长,又逐渐下降,回到原有的功能水平。如果下一次练习是在超量恢复(肌功能上升并超过原有水平的一段时间内)的阶段进行的,就可以保持超量恢复不会消退,并且能逐步积累练习效果。如此,通过反复的肌力练习就可以使肌肉体积增大,肌肉力量增强。这就是"超量恢复"。恢复过程简要地可分为三个阶段:①运动时的恢复阶段。运动时人体的能量消耗过程(分解过程)占优势,恢复过程(合成过程)也在进行,只是由于身体运动时间长、强度大,而消耗能量物质较多,身体各器官系统发挥最大的机能能力参与恢复(再合成),也满足不了消耗的需要,造成消耗多于恢复,体内的能量物质不断减少,身体活动的机能能力下降。②运动后的恢复阶段。身体运动停止后能量物质的消耗过程减弱,恢复过程就明显占优势,这时各种能源物质和各器官系统的机能能力逐渐恢复到原来(运动前)的水平。③超量恢复阶段。运动实践证明,人体运动后的能量物质和各器官系统的机能能力,在有一段时间里可以超过原来的水平,维持一段时间后又回到原来水平。

第二节　课外体育锻炼常识

一、体育锻炼者着装基本要求

衣服上不要别胸针、校徽等;上衣、裤子口袋里不要装钥匙、小刀等坚硬、尖锐锋利的物品;不要佩戴各种金属的或玻璃的装饰物;头上不要戴各种发卡;患有近视眼的,如果不戴眼镜可以体育活动,就尽量不要戴眼镜,如果必须戴眼镜,做动作时一定要小心谨慎。做垫上运动时,必须摘下眼镜;不要穿塑料底的鞋或皮鞋,应当穿球鞋或一般胶底布鞋;衣服要宽松合体,最好不穿钮扣多、拉锁多或者有金属饰物的服装。

二、冷水浴锻炼应注意的事项

冷水浴锻炼要循序渐进和因人而异。饥饿时、饭后和剧烈活动后都不要立即进行冷水浴,每次锻炼的时间不能过长,避免出现寒颤。若发生寒颤,应立即停止冷水浴。

三、如何克服弯道跑的离心力

为了克服弯道跑中的离心力,弯道跑时,整个身体向内倾斜,摆动腿前摆时,左膝稍向外展,以前脚掌外侧着地;右膝稍向内扣,以脚掌内侧着地,同时,并加大右腿前摆的幅度。弯道跑摆臂时,左臂摆动幅度稍小,靠近体侧前后摆动;右臂摆动的幅度和力量稍大,且前摆时稍向左前方,后摆时肘关节稍向外,以便利用重心,产生向心力,克服离心力。从弯道进入直道时,身体逐渐减小内倾程度,放松跑2~3步,然后全力跑完全程。

四、体育锻炼前后应如何补水

(一)运动前

一般在运动前30分钟补充水分约300毫升可以给肾脏充足的调节时间,帮助减缓体温升高,提高体内水分的贮备,减轻运动时的缺水程度,预防运动中出现脱水的情况,气温高时还需额外补水250~500毫升。但也不应该补水太多,因为大量饮水会储存在胃中,若不能及时排出,将会产生不适感。

(二)运动时

在运动的过程中可以每隔20~30分钟补一次水,每次约补水150~200毫升。需要注意的是在运动进行中补水要少量多次。因为水分进入血液中会增加心脏负担,对身体不利。再者,喝多排多,使得盐分流失,破坏了血液中电解质的平衡,很容易增加身体的疲劳感而引起肌肉痉挛。

(三)运动后

运动中流失大量的水和盐,因此运动后,特别是剧烈运动后最好饮用含糖量3%~6%、钠盐含量0.2%~0.3%的溶液,也可饮用运动饮料补充水分,同样应该少量多次。补充的液体一般是出汗的1.5倍,体液才能很快地达到平衡。剧烈运动后不宜大喝过冷的水和吃冷食,因为肠胃血管受到冰冷刺激,否则会突然收缩,使胃部痉挛,产生胃痛,长期会导致慢性胃病,喉部易发炎咳嗽[1]。

五、进餐后为何不可立即运动

进餐后需要较多的血液流到胃肠道,帮助食物消化与养分吸收,如果这时参加运动就会造成血液流向四肢,妨碍胃肠的消化,时间一长就会导致疾病。体弱者进餐后血压还会降低,称为餐后低血压,外出活动容易跌倒。长期餐后运动容

①闫明晓.运动训练后如何科学补水[J].体育世界(学术版),2018(9):189-190.

易得盲肠炎。

六、情绪不好时是否可以运动

运动不仅是身体的锻炼,也是心理的锻炼。当生气、悲伤时,不要到运动场上去发泄。运动医学专家的解释是:人的情绪直接影响着身体的生理机能,而情绪的变化又产生于大脑深部,并扩散到全身,在心脏及其他器官上留下痕迹,这种痕迹将影响人体机能的健康。

七、不同季节体育锻炼的要求

(一)春季体育锻炼

冬季过后,人体各器官的功能都处在一个较低的水平,肌肉松弛、韧带变硬、中枢神经、内脏系统功能较低下,如果急于激烈和不当的运动,就容易受伤。因此,每到春天都是运动伤害的高发季。春天的气候变化比较反复,如何锻炼很有讲究。运动前做充分热身的准备活动,让肌肉和韧带得到充分的放松,如:锻炼前应先做做关节活动、拉拉韧带,做些简单的四肢运动。春天宜选择适合的有氧健身项目,如到空间宽敞、通风条件好的健身场馆进行骑自行车和登山、快步走、打篮球、踢足球等户外运动项目。雾大的春天,尘埃、病菌微粒多,运动时的呼吸尽量用鼻吸气,用嘴吐气。锻炼应养成用鼻子呼吸的习惯,因鼻毛能滤清空气,使气管和肺部不受尘埃、病菌的侵害。春天不主张晨练。日出后绿色植物开始光合作用,吸入二氧化碳吐出氧气,空气方达清新。建议黄昏锻炼,春天下午4点左右的空气含氧气负离子丰富。

(二)夏季体育锻炼

夏季昼长夜短,气温较高,所以应该选择清晨和傍晚运动为宜。一般不主张在强烈阳光下进行体育锻炼,阳光中含有强烈的红外线,它可以透过皮肤、头骨而辐射到脑细胞中去,容易使大脑发生病变,也会导致类似中暑的症状,切忌在正午阳光照射下运动。运动的强度不宜过大,每次锻炼持续时间以半小时为宜。同时,锻炼后不要立即洗冷水澡,不要立即大量喝(吃)冷饮。

（三）秋季体育锻炼

秋季和夏季不同,清晨的气温已经开始有些低了,锻炼时一般出汗较多,稍不注意就有受凉感冒的危险。所以,千万不能一起床就穿着单衣到户外去活动,而要给身体一个适应的时间。从潮湿闷热的夏季进入秋天,一下子气候干燥起来,人体内容易积一些燥热,而且秋季空气中湿度减少,容易引起咽喉干燥、口舌少津、嘴唇干裂、鼻子出血、大便干燥等症状。再加上运动时丧失的水分会加重人体缺乏水分的反应,所以,运动后一定要多喝开水,多吃梨、苹果、乳类、新鲜蔬菜等柔润食物防治咽喉肿痛。秋天又是一个人体的精气都处于收敛内养的阶段,所以运动也应顺应这一原则,运动量应由小到大,循序渐进。锻炼时觉得自己的身体有些发热,微微出汗,锻炼后感到轻松舒适,这就是效果好的标准。相反,如果锻炼后十分疲劳,休息后仍然身体不适、头痛、头昏、胸闷、心悸、食量减少,那么您的运动量可能过大了。

（四）冬季体育锻炼

首先,谨防运动创伤。冬季人体的肌肉、韧带在寒冷的刺激下会出现黏滞性增加,使肌肉的弹性和伸展性降低,各关节的生理活动度减少。因此,每次锻炼前一定要注意做好充分的准备活动。以防造成损伤。

其次,呼吸方法须得当。冬季气候寒冷,风沙又大。因此,锻炼时不要大口呼吸,而应用鼻腔或口鼻混合呼吸的方法,以减轻寒冷空气对呼吸道的不良刺激。

再次,防止受寒冻伤。冬天锻炼,应根据户外寒冷程度来增减衣服,对暴露在外的手、脸、鼻和耳朵等部位,除了经常搓、擦以促进局部血液循环外,还应抹上适量的防冻膏、抗寒霜、油脂等以防皮肤冻伤。

最后,注意感官卫生。冬季风沙大,浓雾弥漫,加上近地面空气污染严重。因此,大风、大雾的天气不宜在户外锻炼。

八、体育锻炼的强度多大为宜

锻炼过度会出现危险,特别是对刚刚开始锻炼的人更是如此,身体需要休息和复原。锻炼过程中身体到了某一程度后就会发生效果递减的现象。假如一星期锻炼三次已经获得成功,那么,即使一星期锻炼六次,也不会获得双倍的好处。好处只能稍微增加一点而已,同时会因为锻炼过度而增加受伤的危险。

九、运动中腹痛的原因有哪些

有些人在参加体育运动时往往感到腹痛,甚至疼痛得不能直腰,不得不暂时停止锻炼。这是怎样引起的呢?原因主要有以下几个方面:

第一,运动前没有做好准备活动,刚上场就进行剧烈的运动。这时内脏器官的功能还没有调动起来,心脏里的血液不能迅速排出,大静脉的血液回流发生障碍,以致肝脾暂时淤血胀大,肝脾外膜的张力增加,引起上腹部疼痛。

第二,运动时呼吸节律掌握不好,呼吸紊乱,肺的气体交换不好,氧气的利用率较低,肝脾胃肠的血液淤积缺氧,刺激上面的神经细胞,引起腹痛。

第三,胃肠道里盛满了食物,在剧烈运动时受到震动,改变了正常的蠕动规律,甚至发生逆蠕动,引起恶心、呕吐、腹痛等现象。

第四,饭后、饮水后剧烈运动,胃肠重量增加,容易使胃肠系膜受到过分牵拉,引起腹痛。

第五,患有胃肠疾病、寄生虫病、痢疾、慢性阑尾炎的病人,本来就有腹疼的症状,运动时胃肠受到震动,疼痛会更明显。

知道了运动性腹痛的原因,就要积极进行预防。运动前充分做好准备活动,提高内脏器官的功能,使血液循环加快,不致于在肝脾内淤积;运动时强度要逐渐增加,并掌握呼吸的节奏和深度,防止发生呼吸紊乱,避免内脏器官的血液缺氧。

十、气温与体育锻炼有何关系

气温对人体的体温调节和新陈代谢有很大影响。当气温低时,体内产热增加,散热减少;相反,当气温高时,体内散热增加,产热减少。人体可以通过气温调节机能,保证生理机能的正常运行。体内产生多的热量,在高温环境下是较难向外散发的,会蓄积在体内而使体温升高。如果不懂得体育卫生常识,不懂得运动负荷的调解,一旦中枢神经的温度升高,就可能引起一系列的机能失调,甚至死亡。同时由于机体以大量出汗来增加蒸发散热,体内大量水分和无机盐的丢失,可引起脱水和热痉挛等。气温过低对人体同样会造成损害。低温可使肌肉僵硬,黏滞性提高,因而容易造成运动损伤。气温过低还会造成机体的局部冻伤或全身体温降低。

十一、女生月经期间如何运动

月经的最初1天至2天，可以参加运动量不大的徒手体操、打乒乓球、原地投篮和托排球等活动。以后随经血量的减少，可逐渐加量至恢复正常锻炼。经期第五天，身体开始恢复，此时可以开始进行慢走、慢跑等有氧运动，但要避免一些负重较大的运动。要注意的是，有严重痛经、经期血量过多或月经紊乱的女生，经期应停止一切体育活动。在经期锻炼时，要避免剧烈的、大强度的或震动大的跑跳动作(如长跑、跳高、跳远、短跑)，也不要进行增加腹压的力量性练习，以免造成经血过多或子宫位置改变。经期时一般不要下水游泳，以避免冷刺激和细菌感染。

十二、体育锻炼如何选择服装

运动服装应以质地柔软、合体，穿着舒适，便于活动为原则。夏季的服装面料应具有透气性和吸湿性，最好选择针织内衣，外套应选用颜色较浅、稍宽松的棉织品运动服；冬季气候较冷，运动服装应以保暖性较好的棉织物为佳，厚度可以根据运动时的环境温度而定。运动袜应与运动项目的特点相适应。例如，参加足球运动时，为了保护小腿，一般应选择较长的运动袜；长跑时，则应选择柔软透气和吸汗功能都较强的袜子。

十三、运动之后吸烟有何危害

肌体在消耗了一定热量后吸烟，比身体处于平静时吸烟危害更大。当人体做功消耗体能时，肾上腺就分泌大量的肾上腺素至血中，使血液循环加速，心跳加快，此时吸烟，烟中有害物质，如尼古丁、焦油、亚硝胺等很容易趁机进入血液。有人做过实验，将小鼠分成两组，一组让其被动运动，另一组不加处理，尔后分别用烟雾熏它们，结果，运动组比静止组垂危时间来得快。由此推断，血液循环加快，能促进烟的成分溶于血，从而造成机体中毒。另外，劳动或运动后，胃内容物快速分解、吸收，会出现轻微的饥饿感。而尼古丁等会抑制胃黏膜细胞，使胃酸分泌量减少，消化液亦因之减少。这时吸烟，病魔即可在毫无警觉的情况下侵犯身体。

十四、肌肉痉挛的原因

肌肉痉挛(俗称抽筋)是肌肉不自主的强制收缩的表现。引起肌肉痉挛的常见原因有三个:

第一,寒冷刺激。肌肉在寒冷环境下兴奋性会增高,而易发生肌肉痉挛。因此,在寒冷环境下参加运动时,既要注意做好准备活动,还要注意开始运动时服装不能穿得太少,要随着运动的进行而逐渐减少衣服,运动结束后要尽快穿上衣服。

第二,电解质丢失过多。运动中大量出汗会伴随有大量电解质(主要是钠、钾、钙)的丢失。天气炎热或进行长时间剧烈运动时,在这种情况下要特别注意水分及电解质、维生素的补充。

第三,疲劳。疲劳的肌肉比正常肌肉硬,即张力大,训练或比赛中用力越多,越疲劳的肌肉越容易发生痉挛。

十五、不同运动项目热能消耗

游泳:每半小时消耗热量一百七十五卡。

田径:每半小时可消耗热量四百五十卡。

篮球:每半小时消耗热量二百五十卡。

自行车:每半小时消耗热量三百三十卡。

慢跑:每半小时消耗热量三百卡。

散步:每半小时消耗热量七十五卡。

跳绳:每半小时消耗热量四百卡。

乒乓球:每半小时消耗热量一百八十卡。

排球:每半小时消耗热量一百七十五卡。

第四章 课外体育锻炼原则与方法

　　课外体育锻炼主要是脱离课堂、脱离专业指导下的学生自我锻炼行为，所以掌握相关锻炼原则和掌握相关锻炼方法是非常重要的。按照人体发展的基本规律，合理地进行体育锻炼，可以促进身体的生长发育，改善和提高各器官系统的功能，提高身体素质，增强体质，推迟衰老，延年益寿。课外体育锻炼一定要遵循原则和掌握方法，这些原则与方法是运动训练规律的集中反映，对体育锻炼者具有普遍的指导意义。本章着重介绍课外体育锻炼中的八项原则与八种方法。

第一节 课外体育锻炼八项原则

一、全面性原则

　　全面性原则是指通过体育锻炼使身体形态、机能、素质和心理品质等都得到全面发展。也就是说，在体育锻炼过程中，一方面尽可能选择对身体有全面影响的运动项目，如跑步，游泳等；另一方面，可以某一项为主，辅以其他锻炼项目。

二、经常性原则

　　经常性原则是指体育锻炼应坚持长期地、不间断地、持之以恒地进行。实践已经证明，人的有机体只有在经常地参与体育锻炼时才能得到增强。如果长期停止锻炼，各器官系统的机能就会慢慢减退，体质就会逐渐下降。因此，参加体育锻炼必须持之以恒，不能三天打鱼，两天晒网。

三、渐进性原则

渐进性原则是指体育锻炼的要求、内容、方法和运动负荷等都要根据每个人的实际情况，由易到繁，运动负荷由小到大，逐步提高。研究表明，人体各器官的机能，不是一下子可以提高的，它是一个逐步发展、逐步提高的过程，即锻炼效果是一个缓慢的由量变到质变的逐渐积累的复杂过程。如果违反循序渐进的原则，急于求成，不但不能有效地增强体质，还会损害健康。所以，进行身体锻炼应有目的、有计划、有步骤地实施。

四、个别性原则

个别性原则是指每个参加体育锻炼的人，应根据自己的实际情况，选定锻炼内容和方法，安排运动负荷。每个参加体育锻炼的人，情况都不尽相同，如年龄、性别、健康状况、锻炼基础、营养条件、生活及作息制度等。因此，锻炼者应根据自身状况正确估计，从实际出发，使锻炼的负荷量适合自己的健康条件，以期达到良好的锻炼效果。

五、结合性原则

结合性原则是指一般训练与专项训练相结合，主要是根据有机体的统一性及各种动作技能、各种身体素质相互迁移和促进作用而提出的。实践表明，一般训练与专项训练的结合，可以使体育锻炼者身体、技术全面发展，提高训练效果。一般训练和专项训练应在多年和全年训练中不间断地进行，两者的比重可根据水平、年龄、项目特点和不同的训练阶段来确定。体育锻炼不久者或锻炼水平较低者，一般训练的比重应大些，随着锻炼水平的提高，专项训练的比重随之增大。一般训练的内容应适应专项训练的要求，选用那些能够有效提高各器官系统功能、全面发展身体素质以及有利于促进学生掌握专项技术的练习作为一般训练的内容。一般训练和专项训练的练习方法应多样化、实用化与趣味化。

六、系统性原则

系统性原则是由掌握知识、技术、技能和形成条件反射暂时性联系的要求而提出来的。因为知识、技术和技能之间是互相联系的，条件反射的形成和巩固必须坚持不间断地系统训练,才能形成正确的动作技能,不断提高身体训练和技术训练水平。

七、周期性原则

周期性原则是依据竞技状态的形成规律提出来的。良好的竞技状态具体特征表现为:运动员身体各部分器官系统的机能达到很高水平,能适应大负荷训练和紧张激烈的比赛,大强度训练后能较快地恢复;运动素质和专项运动技术水平高度发展;运动员神经系统功能良好,在训练和比赛时充满信心,敢于拼搏。

八、适宜性原则

实践表明,量大、强度大的负荷训练是提高运动成绩的关键,但究竟多大的运动负荷对中学生才是最适宜的,才能达到最理想的训练效果,这就是适宜运动负荷的问题。适宜运动负荷原则的主要依据是根据疲劳与恢复的相互关系、超量恢复以及生物适应性规律的理论提出的。贯彻适宜运动负荷原则时应注意以下事项:

（一）根据自身的年龄特点确定运动负荷

负荷不宜太大,要防止过度训练和运动损伤。另外,确定运动负荷时,除了要考虑学生的身体训练水平外,还应考虑学生的学业负担、伙食营养、作息制度和恢复措施等。人体对负荷有个适应过程,而人体各方面的适应不是同时产生的,因此,要逐渐增加运动负荷。尤其是对初中学生,在一次大负荷训练后,应有足够的休息或适当安排中、小负荷训练作为调节,使机体得到及时的恢复和调整。增加运动负荷应采用"增加—适应—增加—适应"的方法。

（二）要处理好负荷量与负荷强度的关系

负荷量与负荷强度是构成运动负荷的两个因素。对中学生来说,在一个周期训练中,通常是先加量,适应后再适宜地增加强度,当再次增加量时,强度应适当下降。而在强度再次增加时,量则减小,使量和强度呈现起伏状态。准备期量大强度小,竞赛期量小强度大。技术训练课,一般强度不大,而体能训练课,量和强度都应该加大。

第二节　体育锻炼八种方法

一、重复锻炼法

重复锻炼法是指在相对固定的条件下,按一定的要求反复进行某一练习。

重复锻炼法构成因素:重复练习的次数和组数,每次重复练习的距离或时间,每次练习的负荷强度,每次(组)练习之间的间歇时间。如:以固定的速度、按规定的距离重复跑;以同一方式多次举同一重量的杠铃;在一定高度上用同一过杆技术反复进行跳高练习;以固定的次数为一组做俯卧撑,重复练习若干组;等等。

重复练习的主要特点在于每次重复某一练习时动作的结构和负荷强度不变,并且强度越大,每次(组)重复练习之间的间歇时间越充分,并可多次重复进行。因此,重复训练对提高肌体各器官系统的机能有较大作用,能有效地促进肌体发展。运用重复锻炼法进行练习时,要注意每次(组)练习均要保持预先确定的强度。重复的次数应根据具体锻炼的项目、个人体质水平、锻炼时间而定。关键是要调节好适宜的运动负荷,通常重复锻炼的心率控制在170次/分钟以内比较适宜,若低于130次/分钟,则效果不佳,应增加重复次数[①]。

二、间歇锻炼法

间歇锻炼法是指在一次(组)练习之后,严格控制间歇时间,在肌体未完全恢复的情况下,就进行下一次练习的锻炼方法。

间歇练习法的构成因素:每次练习的时间和距离,练习重复的次数和组数,每次练习的负荷强度,每次(组)练习的间歇时间,间歇时的休息方式。以慢跑为例,100米全速跑间歇时间不少于30秒。一般间歇后心率低于130次/分钟,即可开始下次的练习。运用间歇锻炼法时,每次练习的时间不能太长,负荷强度可以根据锻炼的目的、所要解决的问题进行安排和调整。一般认为,大强度的间歇锻炼法负荷可达练习者最大强度的90%以上,每次负荷的练习时间相对较短,这对提高练习者的无氧供给能力,发展速度和速度耐力有很大的作用;小强度间歇锻炼法,负荷可达练习者最大强度的70%或略小一些。

---

① 王祺.体育锻炼的主要方法[J].黑龙江科技信息,2010(23):176.

三、连续锻炼法

在锻炼的过程中,为了保持有价值的负荷量而不间断地连续进行运动的方法叫连续锻炼法。此方法要求负荷强度较低、负荷时间较长、无间断地连续进行运动。从增强体质出发,需要间歇就停一会儿,需要连续就接二连三地进行下去,所以不能仅讲究间歇,还要讲究连续。连续、间歇、重复都是在整个锻炼过程中实现的。连续、间歇、重复等各因素各有其独特的作用,连续的作用在于持续保持负荷量不下降,维持在一定的水平上,使身体充分地受到运动的作用。连续锻炼时间的长短,同样要根据负荷价值有效范围而确定,通常认为在140次/分钟左右的心率下连续锻炼20～30分钟,可使机体的各个部位都长时间地获得充分的血液和氧的供应,因而能有效地发展有氧代谢能力,发展耐力素质。

四、循环锻炼法

循环锻炼法是选择若干运动项目,依次排列成若干个锻炼站,规定各站练习的内容、时间和次数,按一定的顺序反复循环的锻炼方法。

循环锻炼法的构成因素:每站练习的内容,每站练习的负荷量和强度,站与站和每站循环之间的间歇时间,站的数量和循环的遍数。循环锻炼法可预先制定练习内容,如杠铃挺举、双人推小车、背人走跑、蹲跳、俯卧撑、蛙跳、仰卧起坐、跳绳等。

五、变换锻炼法

变换锻炼法是指锻炼过程中,有目的地变换练习条件的情况下进行锻炼的方法。练习条件包括练习的环境、练习的运动负荷(速度、负重量、距离、时间)、练习的动作组合等。

通过变换练习可以提高锻炼者对各种负荷刺激的适应能力,能培养多种运动感觉,如时间感、空间感、速度感、节奏感等;还能有效地调节生理负荷,提高兴奋性,强化锻炼意向,避免锻炼的单调乏味,提高练习的兴趣和积极性,克服疲劳和厌倦情绪,以达到提高锻炼效果的目的。

运用变换锻炼法时应注意练习中存在的主要问题,有目的地变换练习的各种条件。练习中为了纠正错误动作,可适当减轻练习的重量,降低对动作的速度、速率的要求,错误一旦得到纠正,就应及时变换到正常条件下练习。

六、负重锻炼法

负重锻炼法是使用杠铃、哑铃、沙袋等重物进行身体运动来锻炼身体、增强体质的方法。负重的方法既适用于锻炼身体,又适用于各项运动员进行身体训练,还适用于身体疾患者的康复。一般来说,为增强体质而进行负重锻炼,应该采用最大摄氧量和最大心输出量以下的负荷。因为过大的负荷可能给心血管和呼吸系统带来不良的影响,为了保证这种锻炼方法对身体的良好作用,在运动负荷价值阈范围内(心率在120次/分钟~140次/分钟)可以多次重复或连续。

七、减量训练法

减量训练根据训练时期可分为一般减量训练与赛前减量训练。一般的减量训练可以安排在季前、季后等训练时期,配合训练周期安排在训练计划中,让选手在经过一段长时间的训练后,进行负荷较轻的训练方式,以便让选手恢复应付下一阶段更重的训练负荷。赛前的减量训练大多安排在季中,特别是有重大比赛时,为追求有更好的表现所安排的减量计划。训练计划中减量训练介入,能够对选手在经过紧凑的密集训练后,有适应与恢复的动态休息,能够维持训练效果与使成绩进步,且不会产生停止训练的负面效果。在运用减量训练时需注意下列事项:运动强度的维持,适当的赛前减量期为7~21天。减量期的长短会因选手的程度而不同。许多的耐力运动项目的教练与选手,往往都害怕超过数天以上的减量期会使得身体体能与运动表现下降,然而经现有的研究结果可知,并不会发生这样的情况。因此,对于减量不熟悉的教练与选手而言,正确的减量训练对于正常运动后效果的影响,至少是会让运动成绩维持。减量训练的研究多应用于跑步、游泳与脚踏车等耐力型态运动,同样,对于其他技能较多的运动项目之体能训练,可以应用。另外,现阶段对于不同减量策略与训练效果的相关性,利用一些生理指标来监控,是进一步的研究方向。

八、心理锻炼法

心理训练的作用,一是提高自控和调节的能力,二是提高人心理活动的强度,三是增强对环境的适应能力,四是增强心理的耐受力,五是增强心理的调节能力。

（一）暗示法

心理暗示是指通过视觉、听觉、嗅觉、味觉、触觉这五种感官元素，来给自己进行心理暗示，帮助人们与自己的潜意识进行沟通，静下心来听潜意识的声音，它会告诉你应该注意什么、怎么去做，因此，它可以有效地影响人的行为。当潜意识带给我们积极轻松地暗示的时候，能够有效地帮助学生调节心理状态，尽快适应环境，舒缓神经，从而达到考试时超常发挥。

（二）转移法

转移法是把对令人不快的某人某事的关注转移到令自己赏心悦目的事情上去。根据自己的兴趣、爱好及特点，采取静坐、运动、听音乐、走进大自然等方式做全身心放松训练，以缓解压力，寻求快乐。体育考试时，可以通过关注其他同学或回忆自己优势较强的项目、成绩等加以缓解考试紧张心理。

第五章　课外体育锻炼方法的实践

任何一种体育锻炼方法都需要通过实践加以验证,从而找到更加适合自己的。本章从灵敏素质、柔韧素质、力量素质、速度素质四个方面介绍具体的课外体育锻炼的方法,同时介绍常见的投掷项目、游泳运动、民间游戏的体育锻炼方法。

第一节　灵敏素质

灵敏素质是指人体在各种突然变化的条件下,迅速、正确、协调改变身体运动的能力。灵敏素质在体能中有着相当重要的作用,它是各种运动技能和身体素质在运动中的综合表现,而平衡能力及速度、力量、协调能力是衡量灵敏性水平的关键因素。

一、不同项目中的灵敏素质

不同的体育运动项目对灵敏素质的要求与锻炼是不一样的。以球类运动为例,具体比较如下[1]:

（一）足球

足球运动中要求锻炼者需要根据场上球的快速移动以及观察对方队员的位置移动,迅速而准确地做出相应的变化,并且巧妙地结合各项技术,利用时间差以及机体的变向能力等,争取场上的主动权。

---

[1] 季子禾,赵杜正.专项灵敏素质的研究综述[J].当代体育科技,2018(34):253-254.

（二）篮球

篮球和足球稍有不同，主要表现在启动、变向、急停、转换等技巧上。主要是锻炼者要根据临场情况、队友以及对手的位置，及时调整自己的位置，改变动作的方向以及节奏，利用时间差以及机体的滞空、平衡能力，与己方的战术巧妙地结合，争取比赛的主动权。

（三）排球

排球运动中的灵敏素质主要表现为锻炼者要根据临场情况和对手情况，判断局势变化，调整自己的身体方向，巧妙地结合战术，利用机体能力，与己方的战术巧妙地结合，压制对手。

（四）乒乓球

乒乓球运动员的专项灵敏素质就是面对临场的立即反应、随机应变的能力，具有速度灵敏的特征。

（五）羽毛球

羽毛球运动对灵敏性的要求较为特殊，因为羽毛球比赛是一种节奏性极快的运动，要求运动员根据临场情况以及对手的情况，迅速调整自己的动作与节奏，与己方战术相结合，利用一切有利因素（如位置差、时间差等）以争取比赛的主动权。

通过上述分析，我们可以发现小球较大球而言，对运动员的灵敏素质有更高的要求。

二、灵敏素质锻炼方法

在对灵敏素质的锻炼中，我们一般可以从反应能力、变换动作能力和改变方向能力等三个方面进行。通过原地、行进间或跑步中按有效口令做规定或相反的动作，看信号急跑急停、转身变向、抢断球等训练，能够有效提高反应能力和改变方向能力；通过蹲跳、跳转，前后、左右、交叉的快速移动脚步，做反方向动作或改变动作连接方式等练习发展变换动作的能力；通过立卧撑测试、象限跳测试、十字变向跑、快速急停、迅速转体、改变方向的追逐、对信号做出反应，锻炼各方面的能力。

（一）绳梯转髋

练习功能：主要发展练习者的灵敏素质，辅助发展练习者的协调和速度素质。

场地器材：绳梯。

起始姿势：侧身，左脚在第一格内，右脚在格外，两臂侧平举。

练习步骤：给出"开始"命令后，练习者右脚前交叉移至第二格内，左脚移至第三格，右脚前交叉移至第四格内，循环进行。

指导提示：注意上体要保持直立，转髋但是不转体，尽量不要踩到绳梯。

拓展练习：可以通过改变动作的频率、节奏以及计时完成的方式来拓展此练习，可以在练习过程中添加单个跳跃动作，可以以小组为单位进行接力比赛。

（二）米字型跳

练习功能：主要发展练习者的灵敏素质，辅助发展练习者的速度素质。

场地器材：标志线。

起始姿势：练习者以立正姿势站在米字区内。

练习步骤：给出"开始"命令后，练习者双脚起跳，可按照顺时针或逆时针循环跳跃，循环的次数由教师根据练习者的体能情况适当安排。

指导提示：保持身体面向前方，跳跃过程中，不要转体，保持身体平衡，要有节奏感。

拓展练习：可改变练习者跳跃的速度和节奏，或者通过计时完成的方法来拓展练习；可以通过改变跳跃的模式来拓展练习（单脚跳、后退跳）；以小组为单位同时进行小组淘汰赛。

（三）影子侧滑步

练习功能：主要发展练习者的灵敏和速度素质。

场地器材：标志碟。

起始姿势：两位练习者，在最左侧标志碟两侧，面对面站立，听到"准备"口令后，屈膝降低中心，两脚距离比肩略宽，上身前倾，两手自然下垂于体前，眼睛注视对方。两人分配角色，一人为行动者，另一人为影子。

练习步骤：给出"开始"口令后，行动者迅速滑步移动至任意一个标志碟后方，稍做停留等待影子同样移动到位后，再迅速滑步至另一个随机标志碟位置。影子要努力争取在最短的时间内做出判断,再以最快的速度跟随行者的脚步。

指导提示:练习者之间保持一定距离,避免碰撞。

拓展练习:可以用侧身跑替换侧身滑步;可以在行动者和影子到达标志碟位置后,增加一个动作(如俯卧撑或者高抬腿等),完成动作后再迅速向下一个目标移动。

第二节　柔韧素质

一、坐姿拉伸

练习功能:腰部的肌肉拉伸。

练习器材:瑜伽垫。

起始姿势:双脚交叉坐于瑜伽垫上,身体保持直立。

练习步骤:将被拉伸的上肢伸直放于颈侧,辅助手握住被拉伸臂的肘关节,身体不断向异侧伸张。

练习指导:辅助手用力,将被拉伸手臂向反方向拉伸,同时身体也向同侧弯。臀部不离开瑜伽垫。

二、单臂侧撑

练习功能:上肢与臀部的肌肉拉伸。

练习器材:瑜伽垫。

起始姿势:身体保持俯卧姿势,双手双脚支撑于瑜伽垫上。

练习步骤:左臂直臂抬起,身体向左侧转,右臂支撑保持平衡,身体保持正直。左右交替练习。

练习指导:保持稳定状态,练习循序渐进,幅度由小到大。

三、背部拉伸

练习功能:下背屈肌群静力拉伸。

场地器材:瑜伽垫。

起始姿势:仰卧在平地瑜伽垫上,背部完全贴住地面瑜伽垫,屈腿屈髋,双手抱着膝盖。

练习步骤:使大腿靠近胸,保持静止姿势数秒钟。

指导提示:注意调整呼吸

四、俯撑拉伸

练习功能:背部肌肉拉伸。

场地器材:瑜伽垫。

起始姿势:双手俯撑,双腿并拢俯身朝向地面,双手撑起上身。

练习步骤:抬头挺胸,托起上半身保持数秒。

指导提示:拉伸时注意深吸深呼,深吸气时就可以牵拉背部的伸肌群,拉伸时不要憋气。

五、仰卧转髋

练习功能:背部肌肉拉伸。

练习器材:瑜伽垫。

起始姿势:仰卧在垫子上,身体保持直立,双腿并拢抬起、屈膝成90°。

练习步骤:身体保持直立,缓慢向左或向右转动髋关节。

练习指导:大腿与小腿尽量保持90°。

六、前后摆手

练习功能:胸部与手臂肌肉拉伸。

练习器材:瑜伽垫。

起始姿势:身体直立姿势准备。

练习步骤:在行走中进行,练习时躯干保持垂直,手臂放松,动作幅度逐渐增加。

练习指导:两臂分别做向上、向下的运动至最大幅度,左右臂交替进行,增加肩关节活动度,增加上肢协调能力。

七、肩肘摆手

练习功能:肩部肌肉拉伸。

练习器材:无。

起始姿势:身体直立站姿准备。

练习步骤:在行走中进行,练习时躯干保持正直姿势,不可出现左右旋转现象。

练习指导:手臂放松,摆臂时,上肢与地面平行,做向后的最大幅度拉伸,然后两臂屈肘做向后的拉伸,依次交替进行。增加肩和肘关节的活动幅度,拉伸胸大肌。

八、弓步转身

练习功能:髋关节练习,腰部肌肉拉伸。

练习器材:瑜伽垫。

起始姿势:站立姿势开始,一腿向前跨步,下蹲呈弓步姿势(膝关节以及后支撑腿的髋、膝关节皆呈90°)。

练习步骤:双手呈90°,身体向前弓步腿的一侧旋转,转动至最大幅度时停顿2秒。左右交替进行。

练习指导:下蹲时前支撑腿的膝关节朝向脚尖,膝关节夹角约为90°,不要超过脚尖。躯干保持与地面垂直,以脊柱为轴进行旋转。动作幅度逐渐增加,尽可能加强髋关节和脊柱旋转活动幅度,以及骨盆稳定性。

九、直体转动

练习功能:腰部的肌肉拉伸。

练习器材:无。

起始姿势:身体保持直立,双脚打开与肩同宽。

练习步骤:双脚开立,双手交叉抱头,两臂外展与身体保持在同一平面内,身体围绕脊柱向后转动,达到最大幅度。左右交替进行。

练习指导:在转动过程中双脚保持原地不动,转动躯干,充分拉伸脊柱周围肌肉。

十、交叉伸展

练习功能:腰部的动态拉伸。

练习器材:无。

起始姿势:身体保持直立,练习手上举伸直,双脚与肩同宽。

练习步骤:左手上举伸直,左脚往右方向前交叉,同时上肢向右方向倾斜,然后右脚向右边后交叉,最后还原姿势。交换循环练习。

练习指导:侧腰时重心移动至支撑脚。

第三节　力量素质

力量素质是指肌肉克服工作阻力的能力,按肌肉收缩特点可分为静力性力量和动力性力量,按衡量肌肉力量大小可分为绝对力量和相对力量,按照其表现形式可分为最大力量、速度力量和力量耐力,按照肢体可分为上肢力量和下肢力量等。上述的分类,在实际的体育锻炼项目中又各有不同,其锻炼的方法也各异。如,在《学生国家体质健康测试》规定的必测项目中引体运动就属于上肢力量类。

一、引体向上

(一)项目概述

引体向上锻炼主要是提高人体上肢肌肉力量的发展水平,是依靠自身力量克服自身重力的悬垂力量练习内容,是背部肌肉群最基本的锻炼方法之一。引体向上最有价值的一点就是其对背阔肌的训练效果,其对于锻炼者的菱形肌、大圆肌、前锯肌和肩袖肌都要发展作用。

完整的引体向上动作过程可以分成三个状态:①人通过手臂的拉力悬在最低点或最高点,这都属于标准的平衡状态;②在手臂的带动下,人体的上升过程;③人体的下降过程。在《学生国家体质健康测试》中固定双手采取正握(掌心向前)杠。反手和正手两者之间主要区别在于肱二头肌参与了反手引体向上,但在正手引体向上中没有发挥作用,额外的肱二头肌发力使反手引体向上比正手引体向上更简单,同时兼顾了手臂的健美要求。正手引体向上更难,更强调背阔肌的参与。

(二)动作口诀

手握杠宽同肩齐,
悬垂莫摆向上提,

引体用力不呼吸，

领过杠面落下去。

（三）易犯错误

1. 半程运动

锻炼过程中很多的锻炼由于自身肌力不足或者其他原因,时常会选择做一半的方式进行引体向上锻炼。最常见的就是下落时没有落到底以及上拉时没有拉到胸口,其实这样做并不能够达到锻炼的最初目的。肌肉力量训练时的运动范围是非常重要的,全程运动(肌肉从最长缩到最短)有利于激活更多运动单位,从而帮助锻炼者获得更好的肌肉力量生长。

2. 借助惯性

观察学生进行引体向上锻炼时,有些学生会通过身体的前后摆动以获取一定相似的助力。虽然这样做在一定程度会降低锻炼者完成引体向上的难度,但却降低了引体向上动作对肌肉力量练习的促进作用。因此,为了锻炼肌肉的绝对力量,还是建议锻炼者要保持躯干稳定的前提下完成引体向上动作。

3. 左右不均

有些学生在课外进行引体向上锻炼时会出现左右不平衡现象,特别是在接近力竭时比较容易出现。其主要的原因是锻炼者平时用手习惯,在锻炼的过程中当出现动作变形后应及时调整或停止锻炼,以避免养成坏的锻炼习惯。同时,在后续的锻炼中对训练次数目标适当降低,通过合理、适当的频率和强度加以调整,从而提高动作的控制力。

4. 自由下落

有些锻炼者只重视自身向上的动作完成,对于完成上拉后的身体下落重视程度不够。从力学和运动生理学对下落动作加以分析,其下落动作过程中肌肉离心收缩产生的力量要大于肌肉的向心收缩,也就是肌肉的离心拉长阶段肌肉能负重更多。这对于肌肉力量训练而言肌肉所收到的刺激会更大。因此,肌肉离心拉长阶段对肌肉的破坏比向心收缩时多,控制好肌肉的全程用力,会让训练有更好的效果。

附专题拓展：三阶段训练法①

第一阶段：正确动作模式建立阶段。

首先要熟悉正确的动作模式，引体向上是一项很好的"上肢拉"的功能训练，此动作的关键是肩胛骨的收紧，以确保用正确的肌群发力，而不是其他代偿的肌群起主导作用。许多人拉引体向上时都会出现背肌没感觉、手臂酸痛等现象，这是因为动作模式错乱而致：无法正确地启动肩胛骨运动，背肌就不会更好地参与到动作之中，而手臂肌群就会起主导作用。引体向上正确的发力顺序为"肩胛骨下沉→上臂内收→顺势屈肘将身体拉起"。

第二阶段：强化肩背力量阶段。

要做好引体向上，需要有强壮的背部肌群，尤其是背阔肌，同时要有上臂肌群的辅助，还需保持肩胛区域的稳定性。肩胛区域相当于大炮的底座，上肢相当于炮筒，只有保证炮台的稳定性，炮弹才能打得更远。

第三阶段：杠上辅助训练阶段。

通过前两个阶段的练习，肩背部和上肢力量已经有了初步提升，可以尝试难度较小的引体向上练习，或者采取辅助器械训练，也就是"退阶"练习。同时，可以熟悉引体向上的连贯动作，熟悉发力顺序及模式，通过循序渐进地练习，直至能够完成完全自重的引体向上。

动作模式建立练习。一是杠上肩胛骨动作模式练习，双手抓住单杠，自然悬挂，手臂伸直，很自然地肩胛上提，感觉肩膀快要碰到耳部；启动背阔肌和斜方肌等肌群，让肩胛骨下沉，感受身体往上带的感觉。二是弹力带肩胛骨后缩练习，该动作用于强化肩胛骨内收运动模式，并强化中背部肌群，使之更好地回收肩胛骨。自然站立，端起小臂，使之与大臂成90°，肘关节贴紧身体，双手拉紧弹力带置于胸前；以肘关节为支点，做外旋运动，注意不是用手掌、手腕或手臂发力，而是肩膀往后夹向背部中线靠拢，感受肩部发力。

肩背力量强化练习。一是单臂哑铃划船。手扶凳子，躯干平行地面，背部平直。提起哑铃时，背阔肌发力带动上臂伸展同时屈肘上拉，使哑铃向身体靠拢，保持背肌夹紧2秒，下放哑铃时，感受背肌被慢慢拉长，保持

---

① 常祺,孙振者.解锁"引体向上"正确打开方式[N].解放军报,2019-02-24(7).

张力。二是Y形哑铃上举。俯身或俯卧,上臂自然下垂,手抓握哑铃,背部肩胛骨收缩夹紧,手臂向前外侧伸出,拇指笔直指向天空;背部肌群发力,感受肩胛骨向外上旋转,直到手臂和肩部身体成Y形,停留1秒,然后再慢慢回收手臂。三是俯身哑铃飞鸟。俯身,背部平直,肩胛骨收缩夹紧,双手直臂持哑铃在胸前,肘关节微屈固定,肩胛骨后收,背肌收缩,外展肩关节,直至手臂和地面平行;手臂慢慢下落,回放到起始位置。

杠上动作辅助练习。一是使用弹力带辅助引体向上。把弹力带一头绑在单杠上,另一头兜住膝盖或足底,通过弹力抵消部分重力,这样可以维持在正确姿势上做引体向上,难易度可以将弹力带拉紧或放松自行调整。直到身体拥有足够的肌肉力量,就可以用"完全自重模式"进行引体向上。二是离心引体向上。此练习其实是引体向上的下杠动作。先利用辅助器材直接使下巴位置超过单杠杠体,接着再控制速度使身体缓缓下降,直到手臂完全伸直,难易度可依下降的速度来做调整。三是单杠吊挂。该动作非常简单,即在有人帮助下到达引体向上最终位置,使下巴超过单杠。通过全身的肌肉发力(手臂、背部、胸部和腹部等)绷紧身体并保持该姿势不动,直至力竭。该方法可以静力性收缩的方式锻炼肩背部和上臂肌群。

(四) 专项练习

1. 屈臂悬垂

练习者站于凳上,两臂全屈正或反握横杠,两手与肩同宽,使横杠位于颏下,然后双脚离凳做静止用力的悬垂姿势,但下颏不得挂在杠上。垂悬时间越长越好。练习2~4次。

2. 平梯移行

在平梯上做移行,每次手向前移动一个横杠,两手交替行进。移行一个横梯档为一次,练习4~5次。

3. 斜身引体

要求杠面与学生胸部齐平,两手与肩同宽正握杠,两脚前伸蹬地,使两臂与躯干成90°的斜悬垂,由同伴压住两脚,做屈臂引体,使下颏触到或超过横杠,然后伸臂复原为一次。30~45次为一组,练习3~4组。

4. 仰卧悬垂臂屈伸

在低单杠上做仰卧悬垂姿势,另一伙伴握其脚腕或小腿,将练习者的脚抬至水平部位(也可将练习者的脚放在稍高的器械上)。拉25～40次为一组,练习3～4组。

5. 爬竿或爬绳

要求手足并用或只用手的爬竿或爬绳,根据个人力量选用,每次爬5～6米,练习3～4次。引体向上的练习,对尚不能完成者要先争取"0"的突破,然后再追求完成的次数。

6. 牵引减负引体

利用弹力绳牵引减轻练习者克服的力量,完成"0"的突破。

二、跳远

(一)项目概述

跳远是一项在中小学课堂教学和课外训练中开展较为广泛的田径运动之一。跳远属于下肢力量项目之一,其动作过程包括助跑、起跳、腾空和落地等四个部分。

1. 助跑

助跑姿势有两种:一种是从静止状态开始,类似"站立式"起跑姿势,两脚可前后或左右开立,从静止状态开始助跑,第一步的步幅和速度要力求稳定;另一种是从行进间开始,先走或慢跑几点踏上起点,而后开始加速跑。

2. 起跳

起跳是高速助跑的情况下完成的,在助跑的最后一步就准备起跳。为了加快起跳速度,起跳腿的大腿在前摆时抬得比短跑时低些,要积极下压,几乎是伸直腿快速着板。着地时起跳脚先以脚跟触及地面,并迅速转为全脚掌支撑。

3. 腾空

起跳离地以后可以用"蹲踞式""挺身式"或"走步式"的动作使身体在空中保持平衡并为落地动作做好准备。在空中保持起跳姿势,然后两腿在体前抬起伸直落入沙坑,就是"蹲踞式"跳远动作。"挺身式"的跳法是在空中上体充分伸展或稍有挺身动作,两臂可经身体两侧向下后方摆,同时两膝微屈保持在空中平衡滑行,当滑行进入下落时,两臂自体侧继续向上向前绕环,同时两腿由身后摆至身前,抬起伸直,落入沙坑。还有采用"走步式"和更接近于跑步式的动作。

4. 落地

两腿同时或先后屈膝至体前,然后小腿随惯性摆出伸直,这一系列动作主要由收腹举腿的力量完成,上体应保持稳定。两臂自上方经前向下的绕环动作,是保持平衡的补偿动作,当两脚进入沙坑时,脚尖应勾起,两脚间保持约30厘米的距离。落入沙坑后要立即屈膝缓冲,两臂上提以提高身体重心,顺势立起。

(二)技术口诀

1. 蹲踞式跳远

跳起保持腾空步,
双腿并拢向胸屈。
伸膝前倾后摆臂,
重心稳移向前落。

2. 挺身式跳远

跳起保持腾空步,
摆腿下方向后摆。
两腿靠近挺胸屈,
两臂经侧振后方。
两膝展伸后摆臂,
身体前倾稳落地。

(三)易犯错误

1. 忽视摆臂

摆臂动作贯穿于跳远的助跑、起跳、腾空及落地的每一个环节,尤其在起跳阶段,摆臂起着非常重要的作用。起跳时,手臂的快速有序的摆动,增加了起跳腿对地面的压力,根据作用力与反作用力相等原理,身体获得了较大的支持反作用力,产生了较大的速度。正确摆臂可以保证上下肢协调配合以及起跳后身体姿势的维持。手臂动作在动态姿势维持中发挥重要的作用,发挥上肢和躯干力量主要靠手臂的摆动配合。

不同的跳远技术(蹲踞式、挺身式等)在起跳一瞬间成"腾空步"姿势时摆臂动作是一样的。正确的摆臂应该采用单臂摆动,很多跳远运动员甚至部分优秀运动员对于摆臂概念不清楚,存在双臂摆、不摆臂的错误现象。在快速助跑的情况下起跳腿异侧臂后收采用双臂摆动,最主要一点助跑速度会下降,因为快速的情况下起跳腿异侧臂后收属于向后面的力量,会抵消部分向前的力量从而影响助跑的速度,再者这种方式属于非正常习惯性动作,会在起跳瞬间分散运动员注意力。不摆臂现象在跳远训练及比赛中也大量存在,主要是对摆臂动作不清楚,摆臂幅度不够,没有很好地发挥上肢力量,对于上下肢的协调作用不大。在做预摆动作的时候,要注意身体保持放松的状态,如果身子一直都处于紧张状态的话,将会导致体能过早消耗,反而会影响学生的发挥。

2. 助跑不对

助跑速度是影响跳远成绩的关键因素,助跑的目的就是以最快的水平速度,为踏板和起跳做好准备。腾起初速度是影响跳远成绩的关键因素,助跑速度决定了腾起的初速度,运动员助跑技术掌握得好,对完成动作、取得佳绩有直接影响。距离过短,在下一步起跳动作时可能会影响最大速度的发挥;距离过长,运动员会在起跳之前就达到最高速度。因此,锻炼者需要根据自身体能以及跳远习惯来选择合适的距离。

3. 踏板不准

踏板不准是跳远锻炼中常见的问题之一,其原因可以分为技术方面的原因和心理方面的原因。其中,在技术层面上主要表现为助跑步幅时大时小和加速节奏不稳定。心理方面主要是害怕助跑之后踏板不准,犹豫不决,在板前有意倒小步或有意拉大步,或是将太多的注意力放在踏跳板上。

4. 落地随意

落地技术主要有前倒式、侧倒式和坐落式,优秀的落地技术能够让运动员最大限度地高抬大腿前伸小腿,控制好身体平衡,加大落地点和身体重心之间的距离,获得利益最大化。在实际中很多锻炼者并没有对其加以重视,没有抽出一定的时间加以训练。

（四）专项练习

1. 摆臂技术练习

跳远锻炼者要重视自己摆臂技术的练习,掌握正确的摆臂技术。上肢摆臂技术应该是以我们肩关节为一个轴,将整个大臂去带动小臂,屈臂进行前后的摆动,前臂时屈肘的角度比较小,而在进行后摆时屈肘角度会比较大。整个摆臂动作会让人感觉非常自然,并且有力。前摆时会稍向内,后摆时候稍向外,而大臂和地面要平行,肩关节要尽量地放松,两手这时自然伸掌或者半握拳姿势。在实际锻炼中可以通过研读相关摆臂练习策略的文章,同时可以观看一些专题视频并加以模仿,还可以通过手机录下自己练习的过程并对照正确的摆臂示范视频找出存在的问题。

2. 踏板技术练习

归纳锻炼者在跳远中踏板不准的原因主要有:对跳远的完整技术概念模糊不清;助跑开始起动的姿势随意、不固定,尤其是助跑的前2~3步步长不固定;助跑加速的方式和时机不明确;全程助跑的节奏控制不稳定,步长与步频经常出现变化;过分强调"上板"动作而导致助跑最后几步出现拉大步或倒小步的现象;起跳技术不正确,上板时抬腿过高或甩小腿造成越板犯规的现象;意志品质薄弱,训练时情绪低落,比赛时信心不足[①]。

针对上述问题,在日常练习中可以反复观看优秀运动员的技术录像帮助自己建立正确、完整的助跑技术概念,采用简单、固定的姿势进行起跑(起跑姿势一般可分成静止起动和行进间起动两种姿势),在助跑练习时训练时要对跑的时间、速度、用力和放松程度等方面做出具体要求,选定适合自己的助跑距离(初学者来说一般采用12步助跑为宜,后面再逐渐将助跑距离增至14~18步)。同时,要主动地在不同环境下进行踏板技术练习,如各种不同气候条件(烈日、阴天、顺风、逆风以及风速的大小)、不同的时间(上午、下午)、不同场地条件(跑道的软、硬程度),从而保证自己在千变万化的条件下提高自我分析、调控和适应的能力。

3. 下肢力量练习

①高抬腿跑。

高抬腿跑的主要作用是训练腿部爆发力,提高下肌肉群的蹬撑能力和持续的

---

① 林永捷.论跳远踏板准确性训练的调节与控制[J].漳州师范学院学报(自然科学版),2006(1):112-114.

无氧运动能力。长期练习可以起到增强腿部力量,扩大步幅,增强髋关节、膝关节、踝关节等下肢关节的力量、柔韧性、协调性。

高抬腿跑的动作要领如下:

第一,上体正直或稍前倾,两臂前后摆动。

第二,大腿积极向前上摆到水平,并稍稍带动同侧髋向前,大小腿尽量折叠,脚跟接近臀部。

第三,在抬腿的同时,另一腿的大腿积极下压,直腿足前掌着地,重心要提起,用踝关节缓冲。

②纵跳。

纵跳是体育运动的基本动作之一,可分为原地纵跳和助跑纵跳,前者是后者的基础。纵跳起跳动作是人体在中枢神经系统的控制下,依靠身体各环节的协调配合,发挥下肢肌群最大爆发力,以达到最佳纵向起跳效果的技术动作。

③蛙跳。

蛙跳主要锻炼的是股直肌和大腿肌肉,可以很好地增强腿部力量。

具体方法:两脚分开成半蹲,上体稍前倾,两臂在体后成预备姿势。两腿用力蹬伸,充分伸直髋、膝、踝三个关节,同时两臂迅速前摆,身体向前上方跳起,然后用全脚掌落地屈膝缓冲,两臂摆成预备姿势。

④单足跳。

单足跳练习有助于发展下肢的爆发力,能有效地提高肌肉间协调性。

单足跳动作要领:以右脚跳为例,两脚前后开立(为了便于学生起跳),右脚在前,左腿屈膝提起,右腿以前脚掌用力蹬地,起跳腿在离地后迅速折叠向前,摆动腿积极前摆,落地全脚掌着地缓冲,同时手臂以单(双)臂摆动,手脚协调配合,保持身体平衡,上体正直。

除上述的动作练习之外,还有屈体跳、侧向跳、挺身跳、多级跳、跳起抱膝、跳起转身等,都可以有效性地锻炼下肢力量。

4. 器材辅助练习

在提高跳远技术能力的练习中,可以借助一些器械从而提高练习的针对性和有效性。

①体操垫。

如,利用单个小垫子横放解决"腿不伸"的问题,多个小垫子叠放解决"跳不高"的问题。

②低双杠。

双杠高度大约与腰持平,以右脚起跳为例,动作要领是双手握杠,与右脚同时用力,起跳脚蹬伸,摆动腿上提,小腿自然下垂,在空中做腾空步。[①]

③橡皮带。

像皮带具有一定的弹性,可以通过其进行相关力量专项练习。如:

第一,原地多种法练习(摆腿、前折叠、后折叠、直腿摆、单腿扒地等练习)。

第二,上5～6步腾空步、摆腿跨步、单腿跨步、单单跨步摆腿等练习。

第三,双手绑橡皮带做跳远完整动作摆臂30次。

第四,双向双人橡皮带牵拉,做非平衡状态下的跳远腾空步动作50米。

第五,牵引全程助跑40～50米、牵引弓箭步大步走100米[②]。

④吊球。

将球(篮球、足球、排球等)用绳子吊至一定高度后,进行起跳技术的辅助练习。如,在沙坑上方摆好吊球,起跳腾空后用摆动腿膝关节触吊球。再如,6～8步助跑起跳用头触吊球,以提高起跳腾起高度[③]。

⑤跳台。

通过单个或多个组合跳台进行力量专项练习。如:

第一,助跑练习单脚跳,放2～3个跳台(高度30～50厘米,间隔3～5米),每个跳台上单脚跳1次,再单脚跳下。

第二,助跑练习跨步跳,放2～3个跳台(高度30～50厘米,间隔3～5米),每个跳台上跨步跳1次,再跨步跳下。

第三,助跑练习单跨跨,放2～3个跳台(高度30～50厘米,间隔3～5米),单脚跳上跳台,再跨步跳下;跨单跨和单单跨类似。

第四,原地纵跳上跳台(50～100厘米):双脚上跳台双脚下跳台,双脚上跳台单脚下跳台,单脚上跳台双脚下跳台,单脚上跳台单脚下跳台。

第五,助跑上跳台(10～20厘米)起跳入沙坑,做跳远完整动作[④]。

---

① 吴则栋.浅析跳远腾空步技术及练习方法[J].田径,2011(9):12-13.

② 周志运,廖根彪.利用器械辅助跳远专项力量训练的方法探究[J].青少年体育,2018(9):19,21.

③ 王少全.跳远助跑起跳的专门性练习和辅助练习[J].田径,2018(10):62-63.

④ 周志运,廖根彪.利用器械辅助跳远专项力量训练的方法探究[J].青少年体育,2018(9):19,21.

⑥踏板。

在挺身式跳远中，能否做到空中挺身是影响成绩好与坏的关键因素。但是，在日常锻炼中锻炼者很难体会到控制挺身动作，或者说挺身动作概念难以感知。这时，我们可以借助踏板（有利于起跳高度的实现）的弹力让锻炼者在空中飞行的时间相对延长并可以获取更为合理的高度，提高空中充分"挺身"的技术。

三、立定跳远

（一）项目概述

立定跳远技术动作由预摆、起跳、腾空、落地四个部分组成。

1. 预摆

两脚左右开立，与肩同宽；两臂前后摆动，前摆时，两腿伸直，后摆时，屈膝降低重心，上体稍前倾，手尽量往后摆。

要点：上下肢动作协调配合，摆动时一伸二屈降重心，上体稍前倾。

2. 起跳及腾空

两脚快速用力蹬地，同时两臂稍屈由后往前上方摆动，向前上方跳起腾空，并充分展体。

要点：蹬地快速有力，腿蹬和手摆要协调，空中展体要充分，强调离地前的前脚掌瞬间蹬地动作。

3. 落地缓冲

收腹举腿，小腿往前伸，同时双臂用力往后摆动，并屈膝落地缓冲。

要点：小腿前伸的时机把握好，屈腿前伸臂后摆，落地后往前不往后。

（二）技术口诀

屈腿成半蹲，
用力把地蹬。
摆臂又伸髋，
屈腿落地轻。

（三）易犯错误

1. 摆臂错误

在锻炼过程中,锻炼者的摆臂错误主要表现为起跳前摆、跳时不摆、向后摆臂同时起跳、多次或反复摆以及跳时节奏突变等。其实,较为合理的摆臂动作是人向下蹲、手臂向后摆,人向上蹬、手臂向前摆,在摆臂的节奏上是蹲下慢和蹬起快。在实际锻炼的过程中,我们可以通过反复做前摆直腿后摆屈膝的动作加以纠正。

2. 腾空错误

立定跳远中,利用一定高度或一定远度的标志线来纠正这类错误效果很好。

3. 直膝错误

在立定跳远的练习中,学生在起跳后的收腹叠腿与落地屈膝动作不理想,一般都是腾空时腿只稍微弯屈,落地时腿伸得直直落地,形成直膝跳的现象。

产生原因:起跳重心高,腾空高度不够,下肢力量差,动作技术模糊不清①。

（四）专项练习

1. 触胸跳

练习方法:练习者由直立开始,然后半蹲,身体重心下降,双手快速用力向前上摆,脚尖快速蹬地,在腾空时收腹举腿,两膝向胸前靠拢,做双手抱膝且膝关节触胸的练习。

练习次数:此练习男生可20个／组,一节课进行四组;女生可15个／组,一节课进行四组。

练习作用:这一练习可以有效地让学生屈膝收腹、举腿,改进直膝跳的错误动作。

注意事项:此练习避免在水泥地板或硬地上进行,练习时可在沙坑、草地、体操垫上进行,落地时做屈膝缓冲的动作,以免发生伤害事故。

2. 向上跳

练习方法:练习者站在高度为50～80厘米(高度可根据学生的能力而定)的跳箱或台阶等前面(距离25～35厘米)。练习时学生站在跳箱的上面跳下,然后从下面再跳上,连续进行。跳时两臂协调摆动,脚尖快速蹬地,跳起时尽量把双脚向前举,完成收腹举腿的动作。

---

① 吕纪霞,穆乃国.立定跳远"直膝"跳错误动作的纠正方法[J].体育教学,2011(1):71.

练习作用:此方法可以有效地使学生体会收腹、屈膝、举腿的动作技术,也可有效地提高学生的下肢力量。

练习次数:男生30次/组,共4~6组。女生20次/组,共3~5组。

注意事项:此练习跳箱或台阶的高度,要依据学生的能力而定,切不可采用一刀切的方式进行。

3. 障碍跳

练习方法:在平整的场地上,用栏架、小体操垫、橡皮筋等设置一定的障碍,障碍的高度可以是一样高,也可以由低到高地进行排列(障碍的高度、远度可以根据学生的能力设定)。练习时学生依次跳过单个或成组的障碍物,在跳过障碍物时要做到收腹、提膝、举腿,不得用侧跳或甩腿的方式跳过。

练习作用:此练习可以有效地改进学生直腿跳的错误动作,从而改进、提高收腹、举腿的动作技术。

练习次数:以每组10个障碍物为例,男生每完成3次为一组,一节课可练习4~6组;女生每完成2次为一组,一节课可练习3~5组。

注意事项:此练习避免在水泥地板或硬地上进行,练习时可在沙坑、草地、体操垫上进行,以免发生伤害事故。

四、立定三级蛙跳

(一)项目概述

立定三级跳远由双脚起跳单脚落地接一个跨步跳,最后双脚落地的过程,分为预摆、第一跳、第二跳、第三跳、腾空与落地缓冲等技术动作组成。

(二)技术口诀

一摆二蹲三跳起,
快速蹬地展身体。
收腹提膝伸小腿,
后跟着地向前起。

（三）易犯错误

1. 第一跳中易犯错误

摆臂与起跳不协调。

第一跳落地后接第二跳时跳不起来。

2. 第二跳中易犯错误

腾空步没有空中滑行的感觉。

摆动腿落地时小腿没有前伸。

3. 第三跳中易犯错误

起跳高度不够，大腿抬不起，落地时小腿前伸不够。

落地后身体后倒或手臂后撑。

4. 落地缓冲中错误

两脚落地时不能同步，一脚在前，一脚在后。

（四）专项练习

1. 协调训练

协调练习是提升立定三级跳水平的重要途径。首先，进行原地摆臂练习，且在摆臂的过程中要尽量将手臂伸展，膝关节还要随着手臂的摆动进行半屈伸运动，使得手臂和腿部动作协调一致。其次，原地摆臂向上起跳练习，练习时做摆臂运动的同时双脚要用力蹬地垂直向上跳起，要保证跳起时各项动作的准确性，即起跳时蹬地摆臂要充分、迅速、及时，尤其是前脚掌的弹跳用力，腾空后大腿积极向上提成蹲踞姿态，落地时前脚掌着地，膝盖弯曲缓冲，两臂自然向下向后摆动。

①台阶训练。

台阶训练可以使臀肌、股内侧肌、股外侧肌、股四头肌、小腿肌腱得到很好的力量提升。台阶高度一般在40～60厘米为合适，弹跳能力较差者台阶跳跃数量不宜过多，高度不宜过高。

②节奏训练。

立定三级跳的节奏很容易混乱或者脱节，练习时自己或同伴可以报"1—2—3"，或者击掌"啪—啪—啪"三下来引导练习者更好地掌握节奏，完成动作。

③单脚交换跳。

单脚交换跳有利于发展小腿、脚掌和踝关节的力量。如，30秒～1分钟的原地跳时,可规定跳的时间或跳的次数(30~60次)。再如,20~30米的行进间单脚交换跳,以上练习重复2~3组。

2. 负重练习法

负重练习法是给练习者增加一定运动负荷的一种练习方法。常用的方法有手握哑铃法、肩负杠铃法、背负沙袋法等。

3. 多级蛙跳练习

多级蛙跳练习法是练习时每次连续跳五级或五级以上的练习方法。如在离沙坑13米远的地方画起跳线,要求学生在五级之内跳入沙坑。

第四节　速度素质

速度素质是指人体快速运动的能力,包括反应速度、动作速度和位移速度。速度素质发展与力量、耐力、灵敏、柔韧、协调等其他身体素质的发展都有着很大的联系[①]。跑步锻炼方法简单而健身效果明显,同时因受环境和器械等条件限制少,从而得到越来越多健身者的青睐。下面以50米和耐久跑中的800米、1 000米为例加以解析。

一、50米

(一)项目概述

50米属于短跑类项目,技术动作可分为起跑、起跑后的加速跑、途中跑和终点冲刺四个部分。科学的50米跑技术表现在跑动过程中动作平稳、重心起伏较小;上下肢协调配合,上肢摆臂积极有力并能做到"前不露肘后不露手",下肢蹬摆结合、以摆促蹬;向前性和直线性好,且全程有良好的节奏感;跑的过程中要保持放松状态并能充分打开髋关节。

---

① 罗春林,赵倩,郑涵予,等.力量训练对青少年速度素质的影响研究[J].哈尔滨职业技术学院学报,2019(3):104-106.

（二）技术口诀

1. 整体口诀

起跑疾跑途中跑，
屈臂摆动姿势好。
上体莫晃稍前倒，
步频步幅是关键，
前摆后蹬更重要。

2. 站立式起跑口诀

两脚屈膝前后站，
前脚尖杂线后沿。
重心落在前脚上，
异侧手臂放在前。
上体前倾深呼吸，
枪响蹬地快摆臂。

3. 蹲踞式起跑口诀

手脚位置要量好，
"四个一"要记心间。
四指并拢虎口前，
手指贴在线后沿。
蹲踞起跑五点撑，
背部微弓颈放松。

4. 预备动作口诀

提臀前倒肩过线，
稍微抬头前下看。
屏住呼吸听枪声，

身体待似离弦箭。

5. 加速跑口诀

腿后蹬要充分，
步长要不断增。
上体要逐抬起，
疾跑要向前行。
后蹬角尽量小，
两臂摆配合好。
摆动腿前上提，
蹬送髋快有力。

6. 途中跑口诀

身体正直稍前倾，
后腿蹬地髋前送。
屈臂快速前后摆，
前腿扒地要轻松。
身体正直稍向前，
后蹬充分要送髋。
小腿折紧前上摆，
下压扒地如抽鞭。
后蹬充分折叠紧，
扒地积极重心稳。
体稍前倾快摆臂，
前摆高抬扒地牢。

7. 终点冲刺口诀

最后一步大，
肩胸快下压。

后蹬角要小，

不要想上跳。

最后一步蹬，

过线跑不停。

（三）错误纠正

1."看"口令起跑

很多人在起跑时，不是"听"口令起跑，而是"看"口令起跑。对一些人来说，外部注意更多地依靠眼睛而不是耳朵，他们觉得眼睛比耳朵获取的信息量多，更可靠准确，所以才会造成"看"口令起跑的现象。

解决方法：换方位发口令，家长可选任一方位发口令，甚至在孩子起跑身后发令，培养孩子听口令起跑的习惯；或者换刺激声起跑，例如击掌、口哨，让孩子把注意放在声音上。

2. 第一步跨出过大

第一步跨出过大，造成第一步跑出有一个停顿现象。

解决方法：应保证场面安静，做好准备，避免第一步跨太大。

3. 加速跑阶段易犯错误

起跑时两臂同时向后摆动，身体重心不稳；上体抬起过快，摆臂无力，加速度不大。

解决方法：应相互观摩对比练习，找出优缺点，不断强化和巩固正确技术动作的练习。

4. 途中跑阶段易犯错误

路线呈"S"形，"坐着跑"。

解决方法：对路线呈"S"形问题可以通过设置直线标志线，培养直线跑的习惯；出现"坐着跑"原因是对后蹬技术概念不清，缺乏肌肉感觉，髋关节力量及柔软性差，后蹬时髋不能前送，摆动腿前摆不积极，幅度小以及腿的快速力量差，蹬腿动作慢。可以通过不断强化和巩固正确技术动作练习，相互观摩对比，有针对性进行改进练习。如，提踵练习，这里包括原地提踵练习，提踵走，个别也可以从"高"处向下跳；"扶墙"后蹬跑，双手扶于墙上，身体前倾进行后蹬跑的练习。

5. 终点冲刺阶段易犯错误

撞线动作不明显,提前减速。

解决方法:强调冲过终点线再减速,感受撞线技术动作。

（四）专项练习

1. 步长练习

步长练习可以通过负重换腿跳,负重大步走,负重跑,负重跳台阶,蛙跳,单足跳等练习方法加以提高。如,阻力跑练习。

练习功能:主要发展练习者的步幅。

场地器材:平坦场地,阻力带。

练习步骤:两名练习者一前一后站立,位于后方的练习者将阻力带套在前方练习者的腰上,并用双手紧握阻力带;"开始"口令后,位于前方的练习者开始跑步,尽可能把步子迈大一些。位于后方的练习者跟在后方,拉紧阻力带给前方的练习者提供阻力;跑完50米后,前后练习者交换位置,再次进行练习。

2. 步频练习

步频练习可以通过下坡跑和平地小步跑加以提高。如,助力跑。

练习功能:主要发展练习者的步频。

场地器材:平坦场地,牵引绳。

练习步骤:两名练习者一前一后面对面站立,位于前方的练习者将牵引绳套在后方练习者的腰上,并用双手紧握牵引绳;"开始"口令后,位于后方的练习者开始跑步,尽可能加快步频。位于前方的练习者开始后退跑,拉紧牵引绳给后方的练习者提供助力;跑完50米后,前后练习者交换位置,再次进行练习。

拓展练习:可使用敏捷梯进行该练习;可进行侧向的侧滑步练习。

3. 组合练习

练习目的:发展大腿的爆发力及小腿、脚掌、踝关节和髋关节的力量。

方法与步骤:两手支撑在栏杆(或墙壁、肋木)上,身体与地面成75°的倾斜角,身体重心上提,摆动腿上抬与躯体成约90°,然后摆动腿的大腿积极下压,带动小腿顺下压的惯性前伸,髋关节、膝关节、踝关节三者积极协调配合,前脚掌扒地式落地,支撑腿的髋、膝、踝三关节蹬直。

二、耐久跑

学校耐久跑比赛或体育考试主要是以女生800米、男生1 000米为主。

(一) 动作概述

耐久跑是人体在氧气供应充足情况下长时间跑步的能力。练习耐久跑能使心脏收缩力加强,提高心脏供血能力,促进心脏、肺、血液循环系统的发展,提高有氧代谢能力,还有助于降低血液中胆固醇含量。

(二) 技术口诀

1. 口诀一

> 臀部不坐髋前送,
> 腿往前抬体前倾。
> 大腿积极往下压,
> 脚掌后扒膝缓冲。
> 呼吸又深又均匀,
> 动作协调体放松。

2. 口诀二

> 长跑呼吸最重要,
> 协调一致调整好。
> 步伐均匀节奏跑,
> 终点冲刺坚持到。

(三) 错误纠正

1. 饮水不当

跑前口渴,拼命多喝水,会引起跑步时腹痛。

2. 加速过早

枪声一响或一声令发,就拼命加速度往前冲,造成无氧气急,手脚无力。

3. 呼吸不对

呼吸不当造成气急。中长跑途中,为了加大肺通气量,呼吸时采用口鼻同时进行呼吸的方法。呼吸节奏应和跑步节奏相配合,一般采用两步一呼、两步一吸,或三步一呼、三步一吸。呼吸时要注意加大呼吸深度。

4. 肌肉僵硬

还有跑步紧张,动作不协调。要注意跑步时一定要放松、协调。脚应用全脚掌着地,屈膝缓冲过渡到前脚掌蹬地。上体正直放松,两臂自然有力的摆动。多做高抬腿、后蹬腿练习。

5. 准备不足

发生腹痛情况。多因准备活动不充分,主要是由胃肠痉挛引起,此时切不可紧张,可用手按住痛的部位,减慢跑速,多做几次深呼吸,坚持一段时间,疼痛就会消失。

(四)专项训练

1. 呼吸训练

很多人在跑步过程中经常会出现呼吸紊乱,跑不了几步就开始气喘吁吁、上气不接下气,夏季闷热气候条件下跑步,呼吸困难的情况更甚。所谓呼吸,主要是通过呼吸肌(也即肋肌与膈肌)收缩舒张完成的。当呼吸肌收缩时,胸腔前后左右径增加,容积得以明显变大,也就是所谓肺扩张,气体被吸入肺部;呼气时,呼吸肌与膈肌放松,胸腔前后左右上下径变小,气体呼出。

在耐力训练中为了达到所需的肺通气量,呼吸必须有一定的频率与深度:呼吸过浅,为了满足需氧量,就要加快呼吸频率,这样会加速呼吸肌的疲劳;呼吸过深,不仅呼吸肌工作,在跑的过程中还要靠胸腔和腹部的肌肉参加工作,肌肉很容易疲劳。呼吸适宜的深度约为个人肺活量的三分之一,只要呼吸肌工作就可以了。为了达到必要的通气量,必须用半张的嘴和鼻子同时呼吸,呼吸的节奏以个人的习惯和跑速而定。一般呼吸节奏有以下几种:两步吸气和两步呼气(四步一个呼吸周期),一步半吸气和一步半呼气或两步吸气和一步呼气(三步一个呼吸周期),一步一吸气和一步一呼气(两步一个呼吸周期)。

2. 节奏训练

在参加和观看体育比赛的过程中,会经常会听到"节奏"这个词,如赛后教练员总结到"节奏没掌握好""节奏乱了"等。在学校课外训练中也经常会听到教练大声喊："保持节奏""加快节奏""体会节奏"等,这些都从不同层面、不同维度告诉我们节奏对于体育运动锻炼而言是非常重要的训练内容。

跑步是把支撑点从一条腿转换到另一条腿的周期性动作,向前的运动速度即在两个支撑动作的过渡中产生。决定身体移动快慢的关键因素完全在于转换支撑点的速度与效率(步频)与前后两个支撑点之间的距离(步幅)。因此,适当加快步频、控制步幅有许多好处,比如可以有效减少腾空的时间,让动作更多"向前"而不是"向上",重心稳定,减少刹车效应,减少冲击力等。

在训练节奏的手段上,利用节拍器非常有效。通过节拍器的应用可以让枯燥的定时跑变成有梯度的听音乐跑,节拍器可以大大提高学生在耐久跑中的节奏感,改善学生呼吸节奏、脚步频率和途中配速3个方面的现状。节拍器最大的优点在于每分钟可控响点数,电子化的节拍器更可简易快速调控发声频率,简单易行,想快就快,想慢就慢[①]。

3. 耐力训练

锻炼初期要以一般耐力练习为主,如定时跑、定距跑等。定时跑根据自己的耐力水平选择10分钟、12分钟、20分钟、30分钟或更多。

锻炼中期要以速度耐力练习为主,可穿插一般耐力练习。速度耐力练习用来提高快速运动的耐力,练习方法有间歇跑、变速跑、反复跑等。间歇跑可选择100米—200米—300米—200米—100米等,反复跑可选择十组100米、五组200米、三组400米等,变速跑可选择100米快—100米慢、200米快—100米慢等练习方法,根据自己的体力进行选择。

锻炼后期,即测试前的锻炼,要以专项耐力为主。男生要跑中等强度1200米和大强度1000米,女生跑中等强度1 000米和大强度800米。

第五节 投掷项目

投掷类项目属于田赛项目,其中包括了铁饼、铅球、标枪、链球,虽然技术上有所差异,但能量供应上基本相同,都属于对肌肉力量和爆发力要求较高的运动项目[②]。

---

① 杨卫达."节拍器"在小学高段耐久跑教学中的实践研究[J].青少年体育,2018(12):122-123,125.

② 齐素霞.如何快速提高投掷类项目青少年运动员的成绩[J].中国学校体育,2010(4):76.

一、实心球

（一）运动概述

投掷实心球是一项力量为主、动作速度为辅的投掷项目。经过一定量的掷实心球训练,可使身体的各个部分的肢肌肉得到匀称的发展,尤其是对核心部位的力量,实心球训练可促进身体新陈代谢,对中枢神经系统的调节机能亦有一定的改善功能。

1. 预备姿势

双脚要前后站立,前脚离投掷线应该是20～30厘米,前后脚的距离大约是一只脚的距离,左右脚的距离大约是半个脚掌,后脚跟要稍微离开地面,两手端球要自然些,将身体的肌肉尽量放松,身体的重心在两脚中间稍微偏前的位置,然后目视前方。

2. 持球手型

持球的手型和动作是否有效,将直接影响后续的学习和练习,同时直接影响双手头上前抛实心球的成绩。教学实践中,最常见、最有效的手型有半球形手型持球法和叠指法手型持球法。

①半球形手型。

双手十指成半球形,十指的方向基本一致,两大拇指和两食指成倒置的心形,持实心球的两侧偏后一点。这样持球的好处是便于手指的最后用力,所以教师在课堂技术教学时要特别强调持球的手型和手指要侧重实心球的后下方。

②叠指法手型。

叠指法手型是指双手的大拇指、食指、中指重叠成半球形,持实心球的后下部位。叠指法手型比较适合手指力量较小但手指较长的学生,能有效地提高出手时手指的最后用力。教师在教授叠指法技术时,一定要强调无名指和小拇指分开控球。对于手较小和手指较短的学生或不能有效控制球的学生,不建议采用叠指法手型来做前抛实心球这一动作。

3. 投掷动作

投掷时,投掷者面向投掷方向,两脚前后或左右开立,身体重心落在后面那只脚上或者两脚之间,两膝微屈,双手举球至头的后上方,然后利用支撑脚蹬地,收腹,挥臂的力量将球用力由头后向上(斜上方45°)方掷出。

(二)影响因素

影响实心球成绩有三个因素:实心球的出手初速度、出手角度及出手高度,其中出手初速度是最重要的因素。实心球出手初速度主要是由最后用力投掷球的距离和时间决定,用力距离越大,时间越短,则实心球的出手初速度就越大,出手初速度的能力主要取决于学生的身体素质发展水平及掌握正确的投掷实心球技术。实心球的出手角度对投掷成绩也有较大的影响,最佳出手角度不是不变的,在一定范围内它随着出手速度的增大而增大,出手角度因不同身体素质的学生而变化,男生可以大一点而女生应小一点。实心球的出手高度对每位学生来说是相对稳定的,它取决于学生的身高臂长及对该项目技术动作的掌握程度。

(三)技术口诀

1. 口诀一

蹬地送髋脚用力,

抬头展胸别忘记。

两手挥臂似软鞭,

协调用力快狠准。

2. 口诀二

举球屈肘于脑后,

身体后倒力蓄住。

用力投向前上方,

蹬收挥甩球出手。

(四)错误纠正

1. 持球不正确

两手没有五指张开,两拇指未成"八"字形,而是呈"一"字形。

2. 球无力滑出

球从投掷手"滑"出的原因是手指和手臂的力量薄弱造成持球不稳,双手持球动作不规范造成双手无法充分用力握住球,只是用手指末关节抓住了实心球。

3. 背弓不充分

背弓是影响实心球成绩的关键因素之一,出现没有"背弓"的投掷实心球动作的原因是"背弓"概念模糊,投掷者腰部和肩部柔韧性不够,后伸时屈肘。

4. 无明显抛物线

抛物线是评价实心球动作正确与否的重要指标之一。而抛物线不明显的原因主要有实心球离手太迟;掷球时前脚没有用力支撑,而获是屈膝,造成先弯腰、低头再掷球;出手瞬间动作变形、脱手;没有向前上方做鞭打动作;肩关节灵活性差,两臂后引不够,造成掷球时,工作距离太短,使掷出的球只是向上抛。

5. 出角度不合理

出手角度太高或太低是投球时发力顺序有直接关系,正确的顺序是自下而上蹬地,收腹,挥臂,一气呵成。如果没有蹬地和收腹,仅靠挥臂动作球就会向上走,导致出手角度太高;而球出手的角度太低可能是因为球出手时低头,因此在球出手时眼睛需要看前上方。

6. 腰部用不上力

腰部用不上力的原因,一是腰部力量不够;二是挥臂时肘关节没伸直,肘关节的弯曲使腰部力量不能有效地传送到手上。

（五）专项练习

1. 出手角度练习

出手角度的训练需要强化一定的目标性,因此一般会采用限制高度的方法加以改善实心球投掷者出手角度。如,在投掷线2米远的地方,放置两个系有横线的标志杆(线高约2米),练习时要求投掷者把球投送越过横线上方,这个练习可以有效地改善出手的角度。

2. 出手速度练习

方法一:向前上方击打固定悬浮物的徒手挥臂练习。

方法二:两脚左右开立,与肩同宽,两手握持排球或者轻重量的实心球上举,先用单臂交替向前上方做挥臂练习,并结合蹬地、重心前移、收腹动作;然后再用双臂同时进行,动作由慢到快,逐步过渡。

方法三:抛越一定高度的障碍物。练习时,教师可以在学生抛掷方向前一定的距离设计一定高度横向障碍(如拉橡皮筋或抛越排球网等),让学生进行抛越障碍练习来提高出手高度。

方法四:一定高度的抛准练习。根据练习深入的需要,为了有效提高学生出手高度的稳定性,可采用高空悬挂呼啦圈(与地面垂直)法来提高学生双手前抛实心球的高度和准度(方向)。

3.腰腹力量练习

①跪抛球式练习。

跪抛实心球能有效地提高学生腰腹发力能力和协调用力能力。具体练习方法:学生持球跪在垫子上,上体和手臂在形成充分超越器械姿势后,迅速收腹,利用腰腹的力量的将实心球迅速抛出。

②仰卧前抛练习。

仰卧前抛实心球主要是用来有效提高手臂和手指的最后用力,从而提高出手速度。此时教师要指导学生用手臂和手指用力将球迅速抛出,同时注意提醒学生手指主动发力并控制好球,注意安全。此段练习的重点是超越器械和腰腹发力。

二、铅球

(一)项目概述

铅球是田径运动的投掷项目之一,它对增强体质,特别是发展躯干和上下肢力量有显著的作用。最早期是采用原地推铅球的技术,后来经过时间的演变,逐渐出现了诸多方法,如侧向前、侧向滑步推。

现代推铅球始于14世纪40年代欧洲炮兵闲暇期间推掷炮弹的游戏和比赛,后逐渐形成体育运动项目。铅球的制作经历了用铁、铅以及外铁内铅的过程。正式比赛男子铅球的重量为7.26千克,直径11~13厘米;女子铅球的重量为4千克,直径为9.5~11厘米。早期推铅球没有固定的方式,可以原地推,也可以助跑推;可以单手推,也可以双手推;还出现过按体重分级别的比赛。

以侧向推铅球为例,握球手的手指自然分开,把球放在食指、中指和无名指的指根上,大拇指和小指支撑在球的两侧,以防止球的滑动和便于控制出球的方向。掌心不触球,握好球后,身体左侧对投掷方向,两脚左右开立比肩稍宽,左脚尖指向斜前方并与右脚弓在一直线上;右膝弯曲,上体向右倾斜扭转,重心落在右腿上;左臂微屈于胸前,使球的垂直线离开右脚外侧,以加长用力距离和拉紧左侧肌肉。推球时,右脚迅速用力蹬地,脚跟提起,右膝内转,右髋前送,使上体向左侧抬起,朝着投掷方向转动。当身体左侧接近于地面垂直一刹那,以左肩为轴,右腿迅速伸直,身体转向投掷方向,挺胸、抬头,右肩用力向前送,右臂迅速伸直将球向前上方40°~42°推出。球离手时手腕要用力,并用手指拨球。与推球的同时,左腿用力向上蹬直,以增加铅球向前和向上的力量。球出手后,右腿迅速与左脚交换,左腿后举,降低身体重心,缓冲向前的力量,以维持身体的平衡。

(二) 技术口诀

1. 整体口诀

　　指根托球掌心空,
　　抬肘球靠锁骨中。
　　蹬送转挺伸屈拨,
　　顺势换步站得稳。

2. 背向滑步投掷(右手为例)

　　背向站在投掷圈,
　　球置锁骨窝里边。
　　左脚后摆向抵板,
　　右腿蹬收扣膝踝。
　　重心落在右腿上,
　　身体扭紧勿早开。
　　右腿蹬转要连贯,
　　挺髋展胸推拨腕。
　　自下而上来用力,
　　维持平衡勿出圈。

3. 侧向滑步投掷(右手为例)

　　进圈身体侧向站,

球置锁骨窝里边。

左腿侧摆右腿蹬，

收拉转膝擦地面。

落地紧接猛用力，

蹬转挺展推拨腕。

4. 预备姿势口诀

两腿分开同肩宽，

握球肩肘齐平线。

上体略向右倾斜，

重心落在右脚边。

左臂斜上稍举起，

动作放松眼下看。

5. 滑步推铅球技术口诀

滑步动作要稳定，

重心降低有弹性。

左腿回摆右膝屈，

蹬地送髋用力猛。

头部抬起要挺胸，

指腕拨球速度快。

(三) 错误纠正

1. 握球或持球不正确

产生原因：推球时肘关节下降，手指、手腕过于放松，用力顺序错误，出手前肘关节没有位于手腕后。

纠正方法：原地站立对墙练习推球动作（推实心球或者重量小于比赛用球的重量的球），要求肘关节抬起外展；原地练习用胸发力带动手臂向前上方自然抖动，要求手臂完全放松。

2. 只用手臂力量推球

产生原因：动作概念不清，用力顺序不正确，手臂推球动作过早，铅球离开颈部太早，最后用力前的姿势不正确。

纠正方法：加强动作结构的讲解和概念的强化，要求慢放练习过程，强化观看手臂、肘关节动作姿势；加强摆动腿的摆动速度和肘关节的外展动作，练习快速滑步动作，要求强调身体躯干和下肢的协调一致，加强髋关节力量训练。

3. 推球时身体左倒、撤左肩

产生原因：左腿屈膝，没有支撑住，最后用力时左肩过早打开，滑步结束时左脚落地位置偏左。

纠正方法：加强支撑腿的力量练习。练习者以推铅球的准备姿势站好，双手髋部位置抓牢橡皮带，橡皮带另一端可以固定也可以让另一名队员拿牢，反复进行挺髋练习，要求上肢不要离开身体。

4. 滑步移动距离短

产生原因：蹬摆力量小，蹬摆动作不协调，蹬地腿收腿不积极。

纠正方法：加强速度力量练习，尤其是下肢和髋关节的力量的练习。

5. 滑步时重心起伏偏大

产生原因：右腿蹬地动作过早，用力方向偏上，蹬地角过大，预摆团身后身体重心没有及时后移缩小蹬地角，左腿摆动方向偏高。

纠正方法：反复采用完整滑步技术练习，强调两肩正对投掷方向，左脚积极落地，右髋积极转送。反复滑步，要求低头，始终看一个固定目标。滑步练习时，教师用语言反复强调"扭紧肩轴和髋轴"。

6. 上步后上体留不住

产生原因：团身时左腿回收明显超过右膝，右腿收腿动作不到位，滑步结束时头和左肩过早地向投掷方向转动。

纠正方法：讲清楚左侧用力的正确技术要求，强调左臂只能在最后用力的后半部积极摆动助力。采用跳投技术体会左腿支撑作用。

7. 推球时臀部后坐

右腿蹬地不充分，髋部未能转至正对投掷方向；最后用力时两脚前后之间的距离过长；左脚制动大；怕出圈犯规。

（四）专项练习

铅球是由动作速度、力量、爆发力、协调能力等组成的一项重器械力量性的投掷项目。推铅球是在瞬间蹬地快速滑步后，使工作肌群充分拉长，使身体像压紧的弹簧，通过制动传递动量，紧接着以爆发式地完成蹬转挺髋、伸膝、伸肘、拨球等一系列动作，以合理的出手角度和最高的出手速度将铅球推出。

铅球属于力量性的投掷项目，除了要具备一般身体素质以外，还必须有适应推铅球所需要的专项素质，同时运动成绩越好，对专项素质的要求也越高。铅球专项素质主要包括专项力量、专项速度、动作速度以及专项耐力等，其中最主要的是专项力量。专项力量的最大的特点是爆发力，爆发力取决于速度和力量的结合，但是必须以基本力量为基础，而基本力量与速度力量又是相辅相成的。再从推铅球技术的动作来看，它不单纯是投掷臂最后快速伸直，而是全身进行继发性的爆发式用力。

因此，在铅球训练中，建议采用有选择性地主要或次要肌肉群的各种力量练习，通过各种辅助器材像杠铃、实心球、橡皮带、哑铃等进行各类负重练习和抗阻力练习。另外，克服自身体重的练习方法来提高下肢和速度力量，如多级跳、立卧撑等。运动员在进行铅球专项力量训练时，无论发展哪部分肌肉的力量，都应循序渐进地进行，采用各种手段全面训练运动肌肉，使各肌肉群均衡发展。在量的方面，应先采用小负荷、中等速度再逐渐增加到自己的最大负荷量。

1. 滑步推铅球的专项力量练习

①原地拉胶带。

目的是发展髋部、下肢和躯干的力量，体会出手动作中上体、肩带和投掷臂的直线用力感觉。

②后抛铅球。

体会用力顺序，下肢、髋部发力向躯干双臂的力量传递的用力方法。

③滑步接蹬转。

提高双腿蹬摆和蹬转发力的速度，正确认识用力顺序和动作连贯性。

2. 上肢和肩带力量练习

大重量卧推，它与推铅球的用力方向相似。

中等重量的快速向前上方推，负重屈腕等。

3. 下肢和臀部力量练习

①下蹲。

下蹲是指膝盖向下弯曲,头部到腰部的躯干要始终保持笔直伸展的状态,臀部要向身后撅起的一种运动。通过下蹲运动,能够充分活动期股关节周围的肌肉。有效活动股关节,既可锻炼大腿内侧的"内转肌",又能锻炼"臀大肌"。重点是半蹲,这个练习符合推铅球的发力顺序。

动作要领:正确的姿势应该是从动作开始到结束,头部到腰部的躯干要始终保持笔直伸展的状态,臀部要向身后撅起。

开始姿势:要全身放松,两腿分开,略比肩宽(或与肩同宽),自然地站立;脚尖的方向基本是倒"八"字形,以脚的第二趾的方向为准;下蹲时,膝盖的方向要在第二趾的延长线上,这样做起来比较自然而不吃力。

结尾姿势:膝盖弯曲,直到大腿与地而平行为止(视乎各人体力,老年人或初练者可先取用半蹲或 1 / 4 蹲);在完全蹲下时停顿片段最能锻炼肌肉。

下蹲时速度:1 次下蹲的速度(时间)大致标准是 5 秒钟 1 次(视乎体力,以舒适为佳),到了蹲的姿势时,有意放慢速度更好。

呼吸方法:一边下蹲,一边吸气;一边站起来,一边呼气。

运动时间与强度:可以根据自身情况确定,每次运动 5～15 分钟,一般每日 1 次或分 2～3 次进行。从锻炼时间上来说,从容不迫地下蹲 5 分钟,它的运动量等于步行 1 小时,等于跪膝 20 分钟,是一种省时间的带氧运动。至于运动量的大小,要自己把握好,在每次活动之后稍有气喘,脉搏跳动 1 分钟在 120 次以内,全身感到舒适最好。

②弓箭步交叉跳。

动作幅度大的,要向上蹬力强;动作幅度小的,要动作频率快。

③前后左右并步跳。

要求蹬地快,前后左右变向时要有随髋动作,跳的宽度为 1 米。

4. 躯干力量练习

①高翻。

高翻是锻炼爆发力的最佳动作之一,对训练者的要求也颇高。高翻练习是膝上高翻的变形,要求运动员从地面上拉起杠铃,所以提高了动作的复杂性,对柔韧性和力量要求更高。涉及肌群:大腿部肌肉(对股四头肌强化作用尤强),腹部肌群,竖脊肌等。

动作要领:身体浅蹲,挺胸抬头,从地面拉起杠铃。杠铃超过膝盖时,开始爆发性地向上提拉杠铃。稍做停顿,利用硬拉产生向上的惯性,将杠铃拉起到胸部高度,迅速翻转前臂,同时屈髋关节、膝关节,降低重心,将杠铃杆架在肩上锁骨位置。

锻炼提示:保持背部挺直,腹部收紧;杠铃向上翻起要快;选择合适的重量,充分热身。

②提拉。

杠铃提拉又叫直立划船,是训练肩部中束效果非常好的一个动作,但动作风险也非常大,很容易造成肩袖撕裂和肩关节磨损。

动作要领:第一步,双脚与肩同宽,握距与肩同宽,挺胸直背,目视前方,持杠铃杆放置在大腿前侧;第二步,膝盖微微弯曲,腹肌收紧,上身前倾,放在肩胛面来提。

锻炼提示:掌握正确锻炼方法,注意安全。

③杠铃鞠躬。

杠铃鞠躬又叫负重体前屈,这个动作有一点类似于山羊挺身(背屈伸),目标锻炼部位是下背部肌肉,对股二头肌和臀大肌也有锻炼效果。

起始姿势:肩扛杠铃自然站立,背部保持挺直,膝关节稍稍弯曲,双脚分开稍稍超过臀部的宽度;在斜方肌上扛起一条杠铃杆,双手握住杠铃杆保持平衡。

动作要领:臀部后移,后送臀部,背部保持挺直前倾身体,上半身缓慢前倾,直到与地面呈30°~45°。停顿数秒,然后缓慢返回起始位置。做3组,组间休息2分钟。

锻炼提示:双脚不要分开太宽,在动作过程中背部不要弯曲,注意身体弯曲的角度,角度太大力量作用会转移到腿部和臀部。

5. 爆发力的练习

抓举、挺举杠铃练习。

颈后推举杠铃练习。

连续快速跳举杠铃练习。

两脚开立,提杠铃于腹部处,然后提肘翻腕,将杠铃置于锁骨处,连续进行。

两脚开立,上体前屈,与地面平行,两手握杠铃向上提拉至胸部,连续进行。

双手反握杠铃或哑铃，做连续屈肘动作。

在双杠上做负重或不负重的双臂屈伸或屈伸摆动练习。

在单杠上做负重或不负重的引体向上练习。

负重或不负重的俯卧撑练习。

肩负杠铃，做体侧屈运动、体转运动和体前屈运动。

两脚开立，两臂体侧垂直各提一壶铃，做左右侧屈运动。

仰卧在斜板上，头低于脚，双脚固定，做仰卧起坐练习。

在肋木上或单杠上，做悬垂举腿练习。

两脚开立，上体前倾，双手握杠铃，做抬上体动作。

仰卧，胸部套住另一端固定在木桩上的橡皮条，做仰卧起坐练习。

侧卧，同伴压住脚，做体侧屈动作。

肩负杠铃做半蹲或深蹲起。

肩负杠铃做半蹲或深蹲跳。

肩负杠铃做弓步换腿跳。

肩负杠铃做弓步走。

肩负杠铃用踝关节力量做连续弹跳练习。

肩负杠铃单腿蹬上50厘米高的台阶或凳子上，两腿交替进行练习。

在卧蹬架上双腿蹬举杠铃。

俯卧姿势，踝关节套住固定在木桩上的橡皮条，做连续屈腿动作。

身穿沙衣，做各种跳跃练习。如：立定跳远、立定三级跳远、多级跳、蛙跳、深蹲跳、单足跳等。

两腿开立，向前上方连续快速斜推杠铃练习。

肩负杠铃成最后用力姿势，做蹬地转髋动作。

向前、向后抛铅球、壶铃或实心球。

站立或半蹲，双手持杠铃于胸前，然后快速推杠铃入沙坑。

成最后用力姿势，双手持杠铃片触及地面，然后蹬地、转髋、抬上体，将杠铃片摆至头上，连续进行练习。

右脚踏住拉力器一端，右手握住另一端，成最后用力姿势，做蹬地抬体动作。

负重物单腿深蹲跳起，转体180°。

正面、侧向或背向推壶铃或实心球。

把橡皮条一端固定在地面,右手握住另一端,成最后用力姿势,做蹬地、转髋、推球动作。

肩负重物,右腿支撑团身后,做蹬右腿的动作练习。

负重或不负重的俯卧撑推起击掌练习。

用手指撑地做俯卧撑练习。

第六节　游泳运动

游泳分为四种泳姿,分别是蛙泳、蝶泳、仰泳和自由泳。

一、蛙泳

(一)项目概述

蛙泳是一种模仿青蛙游泳动作的游泳姿势,也是一种古老的泳姿。蛙泳时,游泳者可以方便观察前方是否有障碍物,避免撞上障碍物。蛙泳是竞技游泳姿势之一。人体俯卧水面,两臂在胸前对称直臂侧下屈划水,两腿对称屈伸蹬夹水,似青蛙游水。蛙泳较省力,易持久,实用价值大,常用于渔猎、泅渡、救护、水上搬运等,是游泳初学者的学习项目。

1. 身体姿势

蛙泳在游进之中,身体不是固定在一个位置上,而是随着手、腿的动作在不断地变化。当一个动作周期结束后,身体应展胸、稍收腹、微塌腰,两腿并拢,两臂尽量伸直,颈部稍紧张,头置于两臂之间,眼睛注视前下方。整个身体应以身体的横轴为轴做上下起伏的动作。

2. 腿部动作

蛙泳的腿部动作是推动身体前进的主要动力之一。它的主要动作环节可分为收腿、翻脚、蹬夹水和滑行四个阶段,这四个环节是紧密相连的完整动作。

① 收腿。

收腿是为了翻脚、蹬水创造有利的位置,要减少阻力,又要考虑到手腿配合因素的需要。开始收腿时,两腿随着吸气的动作,自然放下,同时两膝自然逐渐分开,小腿向前回收,回收时两脚放松,脚跟向臀部靠拢,边收边分。收腿时力量要小,两脚和小腿回收时要收在大腿的投影截面内,以减少回收时的阻力。

收腿结束后,大腿与躯干成120°~140°,两膝内侧大约与髋关节同宽。大腿与小腿之间的角度为40°~45°,并使小腿尽量成垂直姿势,这样能为翻脚、蹬水做好有利的准备。

② 翻脚。

在蛙泳腿的技术中,翻脚动作很重要,它直接影响到蹬水的效果。收腿即将结束时,脚仍向臀部靠近,这时膝关节向内扣,同时两脚向外侧翻开,使脚和小腿内侧对好蹬水方向,这样能使对水面加大,并为大腿发挥更大力量做好积极准备。

收腿与翻脚、蹬水是一个连续的完整动作过程。正确的翻脚动作,是在收腿未结束前就已开始,在蹬水开始完成。如果翻脚后,腿稍有停滞,则会破坏动作的连贯性并增大阻力。

③ 蹬夹水。

蛙泳腿部动作效果的好坏,完全取决于蹬夹水技术的正确与否。蹬水应由大腿发力,先伸髋关节,这样使小腿保持尽量垂直对水的有利部位,向后做蹬夹水的动作,其次是伸膝关节和踝关节。

蹬夹水的动作实际是一个连续的完整动作,只是蹬水在先,夹水在后。实际上在翻脚的动作中,两膝向内,两脚向外已经为蹬夹水固定住唯一的方向。

蹬夹水效果的好坏不但取决于腿部关节移动的路线和方向,以及蹬夹水是对水面积的大小,最主要的是取决于两腿蹬夹水的速度和力量的变化,蹬夹水的速度是从慢到快,力量是从小到大的。

④ 滑行。

蹬夹水结束后,脚处于水平面的最低点,这是身体随着蹬水的动力向前滑行,腰部下压,双脚接近水面,准备做下一个循环动作。

3. 臂部动作

蛙泳手臂划水动作可以产生很大的推动力,掌握合理的手臂划水技术,并且使之与腿和呼吸动作协调配合,能有效地提高游进速度。身体水平俯卧水中,两臂自然向前伸直,两臂与水平面平行,头部置于两臂之间,掌心朝下,两眼俯视前下方,使身体纵轴与水平面为5°~10°,形成较好的流线型。它的主要动作可分为开始姿势、滑下(也叫"抱水"或"抓水")、划水、收手和向前伸臂几个阶段。这几个阶段也是紧密相连的完整动作。

开始姿势。当蹬水动作结束时,两臂应保持一定的紧张,自然向前伸直,并与水面平行,掌心向下,手指自然并拢,是身体成一条直线,形成较好的流线型。滑下(抓水)从开始姿势起,手臂先前伸,并使重心向前,同时肩关节略内旋,两手掌心略转向外斜下方,并稍屈手腕,两手分开向侧斜下方压水,当手掌和前臂感到有压力时,就开始划水。抓水动作一方面能给划水创造有利条件,另一方面还能造成身体上浮和前进的作用。抓水的速度,根据个人的水平不同而不同,水平较高者抓水较快,反之则慢。

划水。当两手做好抓水动作、两比分制成大约40°～45°时,手腕开始逐渐弯曲,这时两臂两手逐渐积极地做向侧、下、后方的屈臂划水动作。划水时,手的运动应该分为两个部分:前一部分,手向外—向下—向后运动,水流从大拇指流向小拇指一边;后一部分,手向内—向下—向后运动,水流从小拇指流向大拇指一边。在划水中,前臂和上臂弯曲的角度是在不断地变化,其标准是以能发挥出最好的力量为准则。在整个划水过程中肘关节的位置都比手高。手运动的路线,不应到肩的下后方,而应在肩的前下方。其速度是从慢到快,至收手时应达到最快速度。

收手是划水阶段的继续。收手时,收的运动方向为向内、向上、向前。手的蛙泳手臂姿势迎角大致为45°。由于前臂外旋,掌心逐渐转向内。收手动作应有利于做快速向前的伸手动作,并且肘关节要有意识地向内夹。当手收至头前下方时,两手掌心由后转向内、向上的姿势,这时大臂不应超过两肩的横向延长线。在整个收手动作过程中,手的动作应积极、快速、圆滑,收手结束时,肘关节应低于手,大、小臂的角度小于90°。向前伸臂是由伸直肘关节、肩关节来完成的,掌心由开始的向上逐渐转向内,双掌合在一起向前伸出,在最后结束前逐渐转向下方。蛙泳整个臂部的动作路线无论是俯视或仰视都是椭圆形的,并且是一个连贯的、力量从小到大、速度从慢到快的完整过程。

4. 呼吸

在蛙泳完整配合练习时,两臂开始做动作前,人体尤其是头部在水中所处的位置,对于初学者来讲具有非常重要的意义。此时(滑行中),若身体位置较高,口部距水面较近,则完成呼吸时,练习者的口部就能比较容易地露出水面,可以在水面上获得相对较长的时间来完成吸气过程。这样,对初学者心理上会起到一定的稳定作用,有利于完成吸气过程。反之,此时若身体位置相对较低时,口部露出水面时所需的时间就较长,那么,口部在水面上停留的时间也就会相应地减少。这样,对初学者的心理上从吸气动作的完成上均会产生不利的影响。

在蛙泳完整配合教学初期,强调慢频率、低游速、小划臂,有明显的滑行与滑下动作。据有关资料显示,人体在水中深吸气时的比重约为0.96～0.99,呼气时增至1.02～1.05。因此,滑行时闭气有利于身体上浮,而滑行时呼气,则可能造成身体下沉,不利于吸气动作的完成。

对于初学游泳者来讲,一般情况下,由于学习游泳的时间有限,或因身体协调性较差等其他原因,教学中有时会在初学者腿部动作掌握得不太熟练时,为了赶进度就进行了蛙泳的完整配合练习。此时,由于初学者蛙泳蹬夹水的效果不甚理想,滑行时身体在水中的位置更容易偏低,完成吸气也将更加困难。综上所述,练习者在完成呼吸配合时,身体在水中所处的位置高低,将直接影响到其心理及完成呼吸的质量。同时,在蛙泳呼吸配合练习中就应充分重视这一点。

(二)技术口诀

蛙泳配合需注意,
腿臂呼吸要适宜。
两臂划水腿放松,
收手同时要收腿。
两臂前伸腿蹬水,
臂腿伸直滑一会。
划水头部慢抬起,
伸手滑行慢呼吸。

(三)错误纠正

1. 手臂抱水错误

手臂抱水时的错误动作主要是:一分手或是双手一外划,即开始划水,在立肘姿势还没形成时,便做推力阶段的划水动作,低肘是较为常见的技术错误。由于低肘抓水时作用力方向向下,而不是向后,容易造成身体上下起伏,推进力效果差。有20%的人在划水时出现摸水现象,其中大部分是在无专人指导下学习游泳,对动作的概念不清,其余则是手臂力量差,在划水时沉肘,手臂发力不足。

纠正方法有：

(1)讲解示范,明确要领.有一部分人是由于概念不清,所以导致划水时出现错误动作,在讲解时应着重强调'双手高肘划水'这一技术动作。

(2)陆地模仿练习。双脚并拢站立,身体向下弯曲,双只手撑向前伸直,开始两只手做单双臂蛙泳划双手模仿。"1"分手,"2"划水,两只手同时做。要求:划水时双肘屈臂高肘掌心向内,如同抱一球在胸前。

(3)水中双臂划水练习。

原地练习:俯卧水中,面对墙壁双手开始练习,在划水时充分感觉在双肘抱水时应有的推进力。

游进练习:① 双臂划水分解动作练习。俯卧水中,双臂前伸,双手掌伸直放在身体前方,双臂做一完整划水抱水动作之后,反复练习,采用打节拍进行。要求:双手能够同时,双手臂向后划水时弯曲,同时双肘与指尖在同一直线上向下垂直,掌心后转并逐渐屈肘。先体会划水时双手掌向后的压力感,再进行内划,节奏由慢到快。② 双臂抱水练习。双臂弯曲,双掌心向内夹肘。当吸气抬头划水时,采用弯曲90°的立肘的姿势。当对双臂抱水时采用双手夹臂的姿势,学生应每游一趟,或每游几趟之后,再抬头练习。可以配合游或以划手练习的方式进行。③ 加强手臂力量练习①。

2. 蹬水不翻脚

形成原因:动作概念不清;柔韧性差,本体感觉较差。

纠正方法:

(1)运用通俗易懂的、形象的语言讲解。比如"钩脚",收腿后脚掌向上翻。

(2)进行强化脚腕灵活性的练习。采用多种示范和练习方法,比如先进行陆上坐立双腿并拢的钩脚练习或"外八字钩脚"的行走练习,再进行坐式的蛙泳蹬腿练习(强调"钩脚"动作),这些练习可以使学生看到自己脚的动作,更加直观。

(3)如果出现翻脚时动作较好,但蹬腿时却绷脚时,可以让学生在陆上做"蹬、夹"的分解练习——要求保持翻脚动作"慢慢地"向后蹬,"直腿后"再夹腿。

3. 收大腿,臀部起伏过大

形成原因:腿部力量较差,想依靠大腿发力蹬腿(多为女生);蹬腿的节奏不对,收腿过快、用力过猛,造成收腿时头肩过低,收腹提臀;错误的陆上模仿练习所

---

① 王震.对中学生蛙泳手臂错误动作的研究[J].中国外资,2012(10):257-258.

造成的错误动作概念。

纠正方法：

(1)强调要用脚掌"蹬水"，而不是用腿先后"踹水"。

(2)强调慢收腿，肌肉放松，蹬夹腿时相对快些。

(3)在带领初学者做水陆结合蹬腿模仿时，下半身无支撑，做收腿动作时大腿很自然地贴靠池壁(类似水中的收大腿动作)，所以容易造成收大腿动作。因此在做俯卧池边的蹬腿练习时，要求初学者将大腿中部以上置于岸上，大腿中部以下置于水中，或让初学者俯卧跳台上做蛙泳蹬腿模仿练习。此练习下身无支撑，练习时强调初学者收腿时大腿向上抬，与身体保持平行，脚掌朝上，让初学者正确体会和理解收小腿、不收大腿这一动作概念。

4. 收腿时膝盖外分，蹬得过宽

形成原因：动作概念不清；腿的力量差，发力部位不正确。

纠正方法：

(1)在陆上做蛙泳跪腿练习。

(2)讲解示范正确动作，强调收腿时两膝内扣，小腿向大腿"折叠"，两脚外翻向上。

(3)辅助初学者在水中做蹬腿练习。站在初学者身后，收腿时用手控制初学者膝盖，防止其外分。

5. 呼吸与身体动作不协调

呼吸与身体动作不协调表现为游水时只能做单纯的呼吸，手臂和腿却停止了动作，或闭着眼睛抬头，为了确定方向和眼前的水位而停止游动。另外，身体动作协调，但不会换气，游水时表现为低头闭气或头潜水过低，露不出水面做换气动作。①

(四) 专项练习

1. 配合技术练习

常见的蛙泳配合技术分为两种：平式蛙泳和波浪式蛙泳。平式蛙泳顾名思义就是游进时身体姿势处于相对水平的位置，游进中动作上下起伏小。

动作过程：手臂外划开始抬头吸气，向上抬头至水面位置，然后开始收腿动

---

① 刘连山.蛙泳呼吸技术的常见错误及练习方法[J].游泳,2001(4):35-36.

作,臂前伸后开始蹬腿。动作完成后,臂腿并拢伸直,身体向前滑行片刻。波浪式蛙泳的身体位置与水平面形成了一定的角度。该技术通过与臂划水的配合,使人体最宽的部位——肩部和躯干位置向上尽可能露出水面,进行呼吸,并在空中快速做臂前伸的动作,从而有效地减少了前进时水的阻力,并形成了波浪式蛙泳特有的划水—前冲—蹬腿—滑行的配合节奏。这种配合形式的特点是有效地减小了身体前进时水的阻力,并使前进速度更加均匀。该技术动作的难点是动作环节较平式蛙泳复杂,配合节奏难以掌握,一个环节的脱节就会影响整个动作效果①。

① 陆上站立式蛙泳配合练习。

练习目的:掌握蛙泳完整配合动作概念

动作要求:熟记完整配合动作步骤,体会每个动作的位置和配合时机。

练习方法:双腿并拢站立,两臂向上伸直并拢,两腿与手臂配合完成动作。

动作顺序为:两臂向外侧划水;内划的同时做收腿动作;手臂伸直做蹬腿动作;臂腿伸直稍做停顿。

可根据蛙泳配合口令来帮助熟记动作:

> 划手就抬头,
>
> 收手再收腿。
>
> 先伸胳膊后伸腿,
>
> 并拢伸直漂一会。

练习次数:(10~20)次×(5~10)组。

此练习为基础练习,练习次数可根据个人熟练程度进行增加或减少。易犯错误:两臂向外侧划水时注意两臂伸直,手掌应根据划水的方向的转变而转变,保证用手掌划水。例如手臂外划时手掌应转向外侧开始动作。

② 俯卧池边蛙泳配合练习。

练习目的:熟练蛙泳配合动作,体会手臂划水与呼吸和腿之间的配合时机。

动作要求:身体平直,保持身体良好的流线型。

练习方法:此练习方法分为两种形式。① 俯卧池边,头和上肢在水中,池边与腋窝齐平,练习蛙泳配合动作的同时体会手臂划水与水中呼吸。② 俯卧池边,

---

① 付言庆,龙俐君.蛙泳配合技术与练习方法[J].游泳,2015(2):62-64.

下肢在水中,池边与大腿根部齐平,练习蛙泳配合动作的同时体会水中蹬腿。同陆地练习一样,可通过四个步骤的口令来指导练习。

练习次数:(15～20)次×(4～6)组,练习次数可根据个人熟练程度进行增加或减少。

2. 呼吸技术练习

不宜先在水里学习臂部和腿部的配合动作,而应先在岸上掌握呼吸方法和熟悉水性。这样,胸有成竹,下水不会紧张,用力自然,动作协调性好,更能提高教学或练习效果。

① 陆地上练习蛙泳呼吸的技术动作。

方法是低头,身体稍倾斜,两臂曲肘摆平,反复做埋头抬头的起伏练习,抬头用嘴吸气,低头闭气后用嘴、鼻慢慢吐气。

② 陆地上的蛙式呼吸与肢体协调配合的重复练习。

方法是当吸气时下颌露出水面,肩部升起,腿部依次收腿、翻腿,臂部依次自然向前伸直做蛙式的开始姿势、划水、收手和向前伸臂。

二、蝶泳

(一) 运动概述

蝶泳是游泳项目之一,蝶泳技术是在蛙泳技术动作基础上演变而来的。当蛙泳技术发展到第二阶段时,在游泳比赛中,有些运动员采用两臂划水到大腿后提出水面,再从空中迁移的技术,从外形看,好像蝴蝶展翅飞舞,所以人们称它为“蝶泳”。蝶泳在4种竞技游泳姿势中是最后发展起来的泳姿。因为它的腿部动作酷似海豚,所以又称为“海豚泳”。

1. 身体姿势

蝶泳的身体姿势与其他泳姿不同,它没有固定的身体位置。在游进中躯干各部分和头不断改变彼此间的相对位置。头和躯干有时露出水面,有时潜入水中,形成波浪形式上下起伏。蝶泳在游进中,是以横轴(腰际)为中心,躯干和腿做有节奏的摆动,发力点在腰腹部。然后以大腿带动小腿,两腿一起做上下的鞭状打水动作。而这些动作与头和臂部的动作紧密联系在一起,形成蝶泳所特有的波浪动作,因此前进时身体的阻力较小。肩部必须保持在水平面上,臀部接近水面。

头比双臂先入水,抬头要低。

2. 臂部动作

蝶泳臂的划水动作是产生推进力的主要因素,并且相对于其他姿势来说是较大的。蝶泳臂的划水是两臂在头前入水,同时沿身体两侧做曲线划水。它的技术环节分为入水、抱水、划水、推水和空中移臂等几个阶段。

3. 打腿

蝶泳打水时,两腿自然并拢,脚跟稍微分开成"内八字",当两腿在前一划水周期向下打水结束后,两脚处于最低点,膝关节伸直,臀部上抬至水面,髋关节屈成约160°。蝶泳腿的打水动作是由腰部发力,经过髋、膝、踝关节并与躯干、脊柱动作相协调一致配合完成的。脚的运动方向是向下和向后,其向下的幅度大于向后的幅度。

4. 呼吸

蝶泳的呼吸一般是一次划水一次呼吸,但是为了加快游进的速度,也可采用两次以上的划水动作之后,再做一次呼吸的技术。

5. 节奏

划臂一次,打腿两次。

(二) 技术口诀

胸腋下压,肘尖相离,
收腹提臀,入水铁律。
侧压划水,内扫发力,
虎背升腾,后摆弹臂。
耸肩甩腕,悠移双翼,
轻拿轻放,肘高手低。
腿起腿落,源自腰脊,
蛇态波状,首项为旗。

(三) 错误纠正

1. 直臂划水

原因:概念不清。

纠正:高肘屈臂划水,掌心要向后。

2. 小腿屈伸打水没波浪

原因:躯干没有参与动作,只用小腿用力打水。

纠正:躯干参与动作,严格地按挺腹、屈膝、提臀、伸膝打水顺序做动作。

3. 头、肩起伏过大

原因:动作概念不清。

纠正:手、头、肩相对固定,腰腹用力带动下肢做波浪动作。

4. 划水后出水移臂困难

原因:推水无力、停顿、掌心向上捞水。

纠正:推水时掌心向后,利用惯性提肘转肩向前移臂。

（四）专项练习

1. 躯干与腿部动作练习

目的:掌握蝶泳躯干和腿的波浪动作,学会腰腹用力是学习蝶泳基础。

难点:波浪动作。

方法:

（1）原地站立,两臂上举伸直。腰腹前后摆动,模仿海豚波浪动作,挺、屈、提、伸四个动作的连贯性。

（2）爬泳打水,两腿并拢同时做上下打水练习,体会腰发力,有节奏上下摆动,呈鞭状打水。向上动作不要用力过大,往下压水时要用力。

2. 手臂与呼吸配合练习

目的:掌握蝶泳手臂动作与呼吸配合,为蝶泳完整动作打下基础。

难点:呼吸动作。

方法:

（1）手臂动作:原地开立,身体前倾,离支撑物约一手臂距离,模仿蝶泳两手移臂动作和划水路线:两手碰大腿,吸气抬头、提肩空中移臂（肩高于手腕,手背向前,手掌心向后）,两臂前移平肩时低头,两手空中前伸在肩的延长线"入水",入水后即向外内旋屈肘抱水（使肘处于较高位置做"S"形加速划水）,边推水边提肘出水,借惯性力移臂。

（2）手腿动作与呼吸配合:手臂入水时脚打第一次水,手臂划水时抬脚,手臂划水至脐下发力推水时,脚打第二次水(即一个划水动作,两次打水)。

(3)手、脚配合要有节奏,两次用力的比例是第一次入水时用力1~2分力量,第二次推水用力是8~9分力量,即"1928"用力法。

三、仰泳

仰泳,又称背泳,是一种人体仰卧在水中的游泳姿势。仰泳包括反蛙泳和反爬泳,因为脸面在水面上,呼吸很方便,但是游泳者看不到在往哪里游,容易搞错方向。

(一)运动概述

1. 身体姿势

游仰泳时,身体要自然伸展,仰卧在水面,头和肩部稍高,腰部和腿部保持水平,身体纵轴在水平面上构成的角约为10°,腰部和两腿均处在水面下。在仰泳技术中头起着"舵"的作用,并可以控制身体左右转动。头应保持相对稳定,不要上下左右晃动,但颈部肌肉不要过分紧张,后脑处在水中,水位在耳际附近,两眼看腿部的上方。仰泳游进中,腰部肌肉要保持适度的紧张,以不至于使身体过分平直和屈髋成坐卧姿势为前提。肋上提,不要含胸。快速游进时,身体的迎角能使体位升高,水平较高的运动员不仅肩和胸部露出水面,而且腹部也经常会露出水面。

2. 臂部动作

仰泳臂划水动作是产生推动身体前进的主要因素。一个完整的手臂动作分为入水、抱水、划推水、出水和空中移臂等几个阶段,手掌由于入水、抱水和划推水在水下形成一个"S"形的路线。入水臂入水时,应借助于移臂动作的惯性,臂部自然放松,入水点应在身体纵轴与肩的延长线之间,或在肩的延长线上。过宽和过窄都会影响速度。

臂入水时应保持直臂,肘部不要弯曲,入水时小指向下,拇指向上,掌心向侧后方。手掌与小臂成150°~160°。

抱水是为划推水创造有利的条件。臂入水后要利用移臂时所产生的动量积极下滑到一定的深度,手掌向下、向侧移动,通过伸肩、屈肘、上臂内旋和屈腕的动作,配合身体的滚动,使手掌和前臂对准水并有压力的感觉。当完成抱水动作时,肘部微屈成150°～160°,手掌离水面30～40厘米,肩保持较高的位置。

抱水时:手的运动方向为向后—向下—向外的三个分运动,水流由小指尖流向第一掌骨底,紧接着通过前臂外旋,改变掌心朝向,由向外—向下—向后变为向后—向上—向外侧的方向。

划推水仰泳的划水动作是推动身体前进的主要动力。整个动作是由屈臂抱水开始,以肩为中心,划直打腿外侧下方为止。划水动作包含拉水和推水两个阶段。

拉水是在臂前伸抱水的基础上进行的。开始时前臂内旋,手掌上移,肘部下降,使屈肘程度加大,手掌和小必要保持与前进方向垂直。当手掌划之肩侧时,屈臂程度最大,为70°～110°,手掌接近水面。拉水的前半部分,手的运动为向上—向外—向后的三个分运动;后半部分则是向上—向内—向后的三个分运动。水流从大拇指流行小指。这个阶段也是身体向划水臂同侧转动最大的阶段。

推水是在手臂划过肩侧时开始的,这时肘关节和大臂应逐渐向身体靠近,同时用力向脚的方向推水。当推水即将结束时,小臂内旋做加速转腕下压的动作,掌心游向后转向向下。推水时,手的运动时游向内—向下—向后的运动,逐渐转变为向内—向下—向前的运动。水流从小指流向大拇指一边。推水结束时,手臂要伸直,手掌在大腿侧下方。

出水推水结束后,借助于手掌压水的反弹力迅速提臂出水。出水时手形有多种:其一,手背先出水;其二,大拇指先出水;其三,小拇指先出水。这三种手形各有利弊,相对来说最后一种较好。

无论采用哪种手形出水,都要注意使手臂自然、放松、迅速,并且要先压水后提肩,肩部露出水面后,由肩带动大臂、小臂和手依次出水。

空中移臂提臂出水后,手应迅速从大腿外侧垂直于水面移至肩前。当手臂移至肩上方时,手掌要内旋,使掌心向外翻转(采用小拇指先出水技术的无此动作)。空中移臂时,臂要伸直放松,移臂的后阶段要注意肩关节充分伸展,为入水和划水做好准备。

3. 打腿

在仰泳技术中,腿部动作是保持身体处于较好角度、水平姿势的因素之一,并且踢水动作不但可以控制身体的摆动,而且能产生一定的推进力。仰泳的腿部动作是以下压动作和上踢动作组成,即直腿下压,屈腿上踢。

下压动作腿向下压的动作是借助于臀部肌群的收缩来完成的。在整个腿下压动作中,前三分之二由于水的阻力,是膝关节充分展开,腿部肌肉放松。当打腿下压到一定程度,由于腹肌和腰肌的控制,停止向下,而过渡到向上移动,由于惯性的作用,小腿仍然继续向下,而造成膝关节弯曲,所以在腿下压的后三分之一是屈腿的。

随着惯性的逐渐减弱和打腿的带动,小腿也开始向上移动,但此时脚仍然继续向下,直到惯性消失,大腿、小腿和脚一次结束向下的动作,构成向下"鞭打"的动作。

下压的动作因为不产生推进力,因此相对的要求速度不要太快,并且腿部各关节要自然放松。上踢动作当腿部动作下压结束时,由于水对小腿的阻力和大腿肌肉的牵制,大腿与小腿构成135°~140°,小腿与水平面成40°~45°。

此时打小腿弯曲到最大程度,小腿和脚对水面较大。上踢动作的开始,就需要用脚打的力量和速度来进行,并逐渐加大到最大力量和速度。当打腿向上移动超过水平面就结束向上的动作,此时膝关节接近水面。随后小腿和脚也依次结束向上,是膝关节充分伸展,构成向下"鞭打"的动作。

上踢动作是以大腿带动小腿,小腿带动脚来完成的,并且在任何情况下,尽量不要是膝关节或脚尖露出水面。上踢时,脚尖应内旋以加大对水面积。

4. 呼吸

一只胳膊移动时呼气,另一只移动时吸气。一般是两次划水一次呼吸。即一臂移臂时开始吸气,然后做短暂的憋气,当另一臂移臂时进行呼气。在高速游进时也有一次划水一次呼吸的技术,但是呼吸不能过于频繁,否则会引起呼吸不充分,造成动作紊乱。

5. 节奏

划臂一次,打腿六次。

(二) 技术口诀

仰泳身体要舒展,

手要切忌左右摆。

腿臂配合六比二,

两臂轮翻风车转。

（三）错误纠正

1. 打腿时膝部露出水面

直接原因：屈髋或大腿下压不够。

纠正方法：髋关节充分展开，大腿积极下压，上踢时膝部及时制动。要通过直腿打水体会动作要领。

2. 腿下沉，踢不出水花

直接原因：怕呛水，头部位置太高；打腿幅度太大，大腿下压太深。

纠正方法：学会正确的呼吸方法，强调稍仰头，微挺胸，形成平直仰卧姿势。要小幅度快频率打腿。直腿下压放松，屈腿上踢用力。

3. 小腿踢水

直接原因：大腿过于紧张，只靠膝关节屈伸来打水。

纠正方法：强调由大腿带动小腿鞭状打水，尤其注意大腿积极下压的动作。要通过直腿打水体会动作要领。

（四）专项练习

1. 腿部技术练习①

①侧身仰泳腿练习。

目的：发展打腿力量和身体转动力量。

练习方法：一臂前伸，一臂位于体侧，侧身仰泳腿；臀部和肩部应垂直于水平面。

②流线型打腿练习。

目的：发展打腿耐力、力量，形成身体在水面的感觉。

练习方法：仰卧，两臂前伸，夹紧，身体呈流线型，做仰泳打腿，注意用脚尖踢水，大腿带动小腿做鞭状打腿动作，上身保持适度紧张，肋部上提。

③"发射"练习。

目的：提高身体控制能力和爆发力，练习仰泳腿上踢技术。

练习方法：仰卧，两臂前伸，夹紧，在水下采用快速的反蝶泳打腿，腰部发力，

---

① 纪逊.仰泳技术常用训练手段[J].游泳,2007(4):13-17.

带动大腿和小腿做鞭状的打腿动作,身体保持流线型。

2. 划臂技术练习①

①"挖沙"练习。

目的:体会高肘抱水动作。

练习方法:运动员采用仰卧,两臂前伸,连续打腿;一臂做3次划水动作。前2次划水做仰泳抱水动作,像是"挖沙"的动作;但是划水不超过肩部;最后一次划水手推水到底,直至手臂完全伸直;完成第3次划水动作后,手臂还原并向对侧滚动身体,另一臂重复上述动作。

②手上举划水练习。

目的:体会高肘抱水动作,掌握正确的抱水和划水技术。

练习方法:运动员做侧身连续仰泳打腿,一臂上举,垂直于水面;另一臂前伸;前伸臂做不过肩的抱水和划水动作;头部保持仰泳时的正确位置。

3. 仰泳配合技术练习

①握拳练习。

目的:体会最小到最大划水的感觉。

练习方法:采用握拳划水一定距离,然后打开手掌,体会划水的感觉。

②最大划幅练习。

目的:提高划水效率练习练习方法。

游仰泳,每次划臂都用最大划幅完成,保持正确的划臂动作。

四、自由泳

（一）项目概述

自由泳,严格地来说不是一种游泳姿势,而是竞技游泳的一种比赛项目,它的竞赛规则对游泳姿势几乎没有任何限制,而爬泳这种姿势结构合理,阻力小,速度均匀、快速,是最省力、速度最快的一种游泳姿势。人们在这种对泳姿几乎没有任何限制的比赛项目里往往会使用爬泳这种阻力小、速度快的泳姿,所以人们往往把爬泳称为自由泳。自由泳的基本技术特点是,人体俯卧水中,头肩稍高于水面,游进时躯干绕身体纵轴适当左右滚动,两臂轮流划水推动身体前进。1896年第

---

① 纪逊.仰泳技术常用训练手段[J].游泳,2007(4):13-17.

一届奥运会自由泳被列为正式的比赛项目。20世纪50年代以前,游泳运动员都非常重视两腿打水的作用,一般都是两臂轮流划水1次就打腿6次。后来科研材料证明打腿的能量消耗比划臂大得多,而推动身体前进的动力主要来自臂部的划水动作。因此以臂为主的现代自由泳技术重视臂的划水动作和两臂的配合。

1. 身体姿势

自由泳时身体俯卧在水面成流线型,背部和臀部的肌肉保持适当的紧张度,在游进中保持头部平稳,躯干围绕身体纵轴有节奏的自然转动35°~45°。

2. 臂部动作

自由泳是臂部动作是推动身体前进的主要动力。以一个周期分为入水、抱水、划水、出水和空中移臂五个不可分割的阶段。

入水:完成空中移臂后,手在控制下自然放松入水。手的入水点一般在身体纵轴和肩关节的前后延长线之间。入水时手指自然伸直并拢,臂内旋使肘关节抬高处于最高点,手掌斜向外下方,使手指首先触水,然后是小臂,最后是大臂自然插入水中。

抱水:臂入水后,在积极向下方插入的过程中,手掌从向斜外下方转向斜内后方并开始屈腕、屈肘,肘高于手,以便能迅速过渡到较好的划水位置。抱水结束,手掌已经接近对水,肘关节屈至150°左右,整个手臂像抱着一个大圆球似的为划水做准备。

划水:划水是发挥最大推进作用的主要阶段,其动作过程可分为拉水和推水两个部分。紧接抱水阶段进入拉水,这时要保持抬肘,并使大臂内旋。继续屈肘,使手的动作迅速赶上身体的前进速度,能使水动作造成合理的动作方向呼路线,同时,使主要肌肉群在良好的工作条件下进入推水动作,拉水至肩的垂直平面后,即进入推水部分,这时肘的弯屈度100°左右。大臂在保持内旋姿势,带动小臂,用力向后推水。肩部后移,以加长有效的划水路线。向后推水有一个从屈臂到伸臂的加速过程,手掌从内向上,从下向上的动作路线加速划至大腿旁。整个划水动作,手的轨迹始于肩前,继之到腹下,最后到大腿旁,呈S形。

出水:划水结束时,掌心转向大腿,出水时小指向上,手臂放松,微屈肘。由上臂带动,肘部向外上方提拉带前臂和手出水面,掌心转向后上方。出水动作必须迅速而不停顿,同时应该柔和、放松。

空中移臂:紧接出水不停顿地进入空中移臂,移臂时,肘高于手。

两臂配合：自由泳时两臂划水发生的交叉位置有前交叉、中交叉和后交叉三种类型。前交叉是指一臂入水时，另一臂已前摆至肩前方与平面成30°左右。前交叉有利于初学者掌握自由泳动作和呼吸。中交叉是指一臂入水时，另一臂处在向内划水阶段与水平面成90°。后交叉是指一臂入水时，另一臂划至腹下，手与水平面成150°左右。

3. 打腿

自由泳腿部动作虽有一定的推进力，但主要起平衡作用，保持身体的稳定和协调双臂做有力地划水。要求两腿自然并拢，脚稍内旋，踝关节关松，以髋关节为轴，由大腿带动小腿和脚掌，两腿交替做鞭打动作，两脚尖上下最大幅度30～40厘米，膝关节最大弯屈度约160°。双腿并拢，膝部不要弯曲过度，向下打腿。

4. 呼吸

自由泳时，一般是在两臂各划水一次的过程中进行一次呼吸，以向右边吸气为例：右手入水后，嘴和鼻开始慢慢呼气。右臂划水至肩下，开始向右侧转头和增大呼气量。右臂推水即将结束，则用力呼气。右臂出水时，张嘴吸气，至空中移臂的前半部为止，并开始转头还原。然后，直至臂入水结束，有一个短暂的闭气过程，脸部转向前下。头部稳定时，右臂入水，再开始下一慢慢呼气的过程。

自由泳的呼吸与臂、腿配合，初学者一般者采6：2：1的方法，即呼吸一次、臂划两次、腿打6次，这种配合方法易保持平衡和协调掌握自由泳技术。

5. 节奏

一般以6次打腿节奏最为普及。

（二）技术口诀

> 身体平稳水中趴，
> 双臂交叉轮流划。
> 两腿鞭状上下打，
> 慢呼快吸向前划。
> 移臂放松肩前插，
> 小臂手掌对准水。
> 沿着中线把速加，

两臂轮流交替划。

大腿发力带小腿，

两腿交替来打水。

头在水中慢吐气，

转头张嘴快吸气。

（三）错误纠正

1. 抓水动作①

抓水时的错误动作：一入水或是手一外划即开始抓水，在高肘姿势还没形成时，便做推力阶段的划水动作。

纠正方法：单臂划水分解动作练习。俯卧水中，双臂前伸，右手掌放在左手手背上，左臂做一完整划水动作之后，放在右手手背上，然后右臂划水，动作完成之后右手掌放在左手手背上，反复练习，采用打节拍进行。

2. 内划动作②

内划时的错误动作：掌心没有内转，划至体下时掌心内转速度过快，转动角度过大。

纠正方法：单手臂肩下内、外划水练习和陆上单臂"S"形划臂练习。

3. 向上划水③

上划与伸臂时的错误动作：一是初学者在水中练习时由于有一定的心理紧张因素，导致上划不到位的现象，提前进入出水阶段。二是初学者伸肘动作过快试图推水至水面，前臂和手掌过早过分伸直，使前臂与手掌同划水方向间的攻角较大，这种动作将使初学者向上推水，而不能产生向后的水流，致使髋部下沉，影响游速。三是过分伸肘，掌心没有向后，想通过手掌划至水面之前获得推力，实质上在上划动作的推力阶段，不是后伸臂动作，而是前臂和手掌保持向后动作，使水流尽可能长时间的向后流动。

纠正方法：一是陆地模仿练习。初学者弓箭步站立，一只手撑住膝盖，另一只

---

① 黄玉保，蓝荣，陈润松.大学生自由泳错误技术动作的分析与纠正[J].辽宁体育科技，2004(5)：92-97.

② 黄玉保，蓝荣，陈润松.大学生自由泳错误技术动作的分析与纠正[J].辽宁体育科技，2004(5)：92-97.

③ 韩东.自由泳手臂划水动作教学中常见的错误动作及其纠正方法[J].哈尔滨职业技术学院学报，2008(2)：61-62.

手做单臂自由泳划手模仿。"1"手入水,"2"划水,两只手轮流做。要求:初学者在完成上划动作时,拇指要摸到大腿根部方可进入出水阶段。二是单手臂腰下外、内划水练习。俯卧,在腰下屈肘,手掌和前臂成直线。手掌和前臂内转开始,单手向后划水,然后向前划动。内划时,双臂略屈掌心内转,大拇指领先;外划水时,掌心向外,手掌始终向后。要求在整个上划过程的推力阶段,初学者应屈臂,手掌与前臂呈直线。另外,主要力量要用在上划上,而不要用在后划上。手掌划经大腿时,应停止划水动作。三是陆上单臂"S"形划臂练习。速度由慢到快,手臂外、内划时有节奏地进行。

（四）专项练习

1. 腿部动作

①陆地模仿练习。

坐姿打水:坐在池边或地上,两手后撑,两腿伸直,腿内旋使脚尖相对,脚跟分开成八字,两腿放松,以髋为轴,大腿带动小腿,上下交替打水。

卧姿打水:俯卧在凳上,做两腿上下交替打水,要求同上。

②水中练习。

俯卧打水:手握池槽,或由同伴托其腹部,成水平姿势,两腿伸直,做直腿或屈腿打水。

仰卧打水:仰卧姿势,手握池槽,或由同伴帮助托其背部,做两腿交替打水,注意膝盖不要露出水面。

滑行打水:练习时要求闭气,两臂伸直并拢,头夹于两臂之间。

扶板打水:练习时两臂伸直,放松扶板,肩浸水中,手不要用力压板,呼吸自然。

2. 手臂与呼吸配合

①陆上模仿练习。

地两脚开立,上体前屈,做臂划水的模仿练习。

同上练习,结合呼吸配合。

②水中练习。

站立水中,上体前倾,肩浸入水,做臂划水,边做边走,同时转头呼吸。

蹬边滑行后闭气,做两臂配合动作。

腿夹打水板,蹬边滑行后,做两臂划水,结合转头呼吸。

3. 折叠臂腿呼吸的配合

站立水中,上体前倾做划臂与呼吸配合的练习,借助用力划水向前移动,然后蹬离池底,两腿打水形成完整配合。蹬边滑行打水漂浮 5～10 米,做自由泳臂划水与呼吸配合练习。练习提示自由泳技术不像蛙泳那样有间歇阶段,而且呼吸时还必须向侧转头,因而初学者往往显得忙乱而且紧张。应着重于动作配合,注意动作的放松。

第七节　民间游戏

各民族因饮食习惯、生活方式及居住区域的不同,其民间体育游戏也带有强烈的民族色彩,是具有民族文化的体育运动。在民间体育游戏中,既有拔河、划龙舟和爬杆等使用力量抗衡而增强体力的体育运动,又有夹筷子、跳绳、投壶和纸飞机等发展小肌肉运动技能技巧的游戏活动。多数民间体育游戏囊括了所有身体运动的动作内容。

一、斗鸡

斗鸡游戏是小孩子们在冬天的一种游戏,这种游戏能在冬天里暖和身子。斗鸡这种游戏不受场地、器械限制,竞技性强。长期参与斗鸡运动,能有效锻炼身体平衡力、运动心率、肺活量等各项身体素质以及意志力,尤其适合青少年参与。在很多地方,这种游戏也叫"撞拐子"。游戏规则是一脚独立,另一脚用手扳成三角状,膝盖朝外,用膝盖去攻击对方,若对方双脚落地,则赢得战斗。在童年游戏中,这是最激烈最有男子汉气概的游戏,不过有少数身材魁梧的女生也喜欢这种游戏。这一基本运动形式在民间是以童年游戏出现,称谓有多种,北方多称为"撞拐""斗拐",南方多称为"斗鸡"。

斗拐是锻炼平衡和耐力的一种游戏。游戏至少要两个人,弯起一腿来,北京人叫拐起腿来。这个游戏,就是一条腿向前拐着,可用手扶着,双方人用单脚一蹦一跳地对撞,用那条拐着的腿互相碰撞,谁被撞得失去平衡,拐着的腿放下来了,谁就输了。

民间一般有五种玩法:单挑、单人守擂、四人双擂、三人撞、混战。

单挑:只有两个人互相对撞的游戏。

单人守擂:由一人出来守擂,其他有不服气的与其对阵。输者淘汰,胜者继续守擂,直到无人挑战为止。

四人对擂:双方各两人,一主将一副将,即可捉对厮杀。一般是集中力量攻击对方某一人。待其中一人被击败后,再围攻对方另一人。

三人撞:两个实力稍弱者,齐心协力对付一名实力稍强者。

混战:借鉴军棋下法,主要分为两种。①歼灭战:双方相隔十余米,一声令下冲向对方,以全歼对方为胜。双方各自有兵营作为休息地,脚不能着地,对方不能攻击。但是不能老在兵营内耍赖,如果在兵营里休息超过时限,则被判负。②夺旗战:双方队形后放一砖头(书包、棍子)等物作为军旗,混战中先取得对方军旗为胜。

脚斗士大赛,是中国第一个拥有自主知识产权的体育赛事,比赛比的就是斗鸡。脚斗士竞赛规则注重对抗,分为个人赛和团体赛。个人赛采用三局十五分制,每局一分钟。这样的机制有效防止了比赛消极,加大了比赛的激烈程度,观赏性大大增强。团体赛吸取了中国古代战争思想,把象棋里面的车、马、炮、象、将融入比赛当中,每队各有5名队员:车、马、炮、象、将各一名。全场比赛采取"之"字形的复式竞赛法,悬念不断,妙趣横生。

二、摸瞎

又称"摸瞎子"、捉迷藏。这个游戏在东北叫"抓瞎",在南方叫"躲猫猫"。在一个限定的空间,如教室、家里或地上画个圈,用红领巾把一个人双眼蒙上,去捉其他人,被捉住的人就要当"瞎子"。当"瞎子"的人,还要充分用耳朵来判断,练习听力以及在黑暗中的行动能力。

三、跳皮筋

20世纪中叶发展起来的一种适宜于儿童的民间游戏,又称跳橡皮筋、跳橡皮绳。皮筋是用橡胶制成的有弹性的细绳,长3米左右,皮筋被牵直固定之后,即可来回踏跳。参加者一般3人以上。跳皮筋有挑、勾、踩、跨、摆、碰、绕、掏、压、踢等腿部动作。

跳橡皮筋运动具有较强的经济性、适应性和实效性。跳橡皮筋设备简单,只需一条橡皮筋,况且还可用废弃的轮胎内带取而代之。课间学生三五成群轻松地跳一阵橡皮筋,可以使疲劳的脑细胞得到积极性休息,促使脑细胞的兴奋与抑制转换,从而以充沛的精力投入下节课的学习。经常跳橡皮筋,不仅有效地增强内脏器官和血液循环系统的功能。增大肺通气量,促进新陈代谢,还能够增强腿部和腰部的灵活性,促进骨盆的生长发育,发展力量、柔韧、灵敏等身体素质,是提高弹跳力和平衡能力的有效手段。

跳皮筋一般是3人以上的活动。它的花样很多,但都是在基本动作的基础上联合而成。在活动中也可以把基本动作重新组合,创造出新的花样。

点:站在皮筋的一侧中间,两手叉腰或两臂侧平举。一脚原地跳动一次,另一脚随之跳起用前脚掌点地。(注:以下基本动作的预备姿势同"点"。)

迈:一腿自然弯屈从皮筋这一边迈过另一边。

顶:正顶,面向皮筋站立,一腿屈膝向上举,用小腿顶着皮筋;侧顶,身体的左(右)侧触皮筋,一腿屈膝向上举,用小腿内侧或外侧顶着皮筋。

绕:一腿原地或迈过皮筋另一边,然后小腿由里向外(由外向里)绕皮筋,绕几次不限。

转:绕皮筋转,一脚原地跳一次,另一腿迈过皮筋,小腿由里向外(由外向里)绕皮筋,然后随转动跳出皮筋。也可以两腿均在皮筋的一边,身体触着皮筋,两脚交替地向左(右)转动。

掏:将绕在腿上的皮筋掏出来,向前掏还是向后掏要看绕在腿上皮筋的方向。如右腿从里向外绕筋就由左脚在右脚后踩住筋,右脚由里向外掏出来,绕几次掏几次。

压:一腿举起用小腿将筋压下,然后用前脚掌点地。

勾:用脚腕将超过头高的皮筋勾下。

踩:在皮筋的一侧站立,用脚将超过头高的皮筋准确地踩下,也可以一脚原地跳动一次,另一腿迈过皮筋,然后两脚踩着皮筋或向左右移动。

踢:一般在第三高度上做,一脚将皮筋勾下,另一脚迈过皮筋,用脚面把皮筋踢起来。

跳皮筋童谣:

小皮球,驾脚踢,

马兰花开二十一,

二五六,二五七,

二八二九三十一,

三五六,三五七,

三八三九四十一,

四五六,四五七,

四八四九五十一,

五五六,五五七,

五八五九六十一,

六五六,六五七,

六八六九七十一,

七五六,七五七,

七八七九八十一,

八五六,八五七,

八八八九九十一,

九五六,九五七,

九八九九一百一!

注:歌谣中的"五"为衬音,没有实义。

四、抽陀螺

抽陀螺俗称"抽贱骨头",是一种民间传统游戏。一种古老的中国儿童游戏活动,用鞭子连续抽击一圆锥物体,使之在平滑地面上旋转。它历史悠久,山西夏县西阴村仰韶文化遗址中曾出土陶制小陀螺。陀螺有陶制、木制、竹制、石制多种,以木制居多。木制陀螺为圆锥形,上大下小,锥端常加铁钉或钢珠。玩时,以绳绕陀螺使其旋于地,再以绳抽打,使之旋转不停。抽打得越狠旋得越快,故称"抽贱骨头"。各地对陀螺有不同的称呼,如"地黄牛""老牛""牛牛儿""菱角"等。抽陀螺的趣味性强,在中国北方各地,一到冬天河湖湾坑冻上厚冰之后,吸引着众多的少年儿童到冰上去参加这一活动。早在10世纪以前,中国的这种民间儿童游戏就传到了朝鲜、日本等,并流传至今。

制作材料:陀螺有木制、竹制、石制、陶制及砖瓦磨成的。近代的木制陀螺在接触地面的尖底部多加铁钉或钢珠,以减少摩擦。

基本玩法:一般孩子抽陀螺的方法有两种。第一种是水平抽法,第二种则是垂直抽法。

一般孩子们玩陀螺有两种比赛方式。第一是分边法,将参加的人分成两组,然后大家一起抽陀螺,看看哪一组的陀螺先倒在地。倒在地上的陀螺,就称为"死陀螺",只有任由对方劈击宰割了。赢的这一方,用自己的陀螺,高举过头,对准目标,向下猛击。

第二是画圈法,在地上画一个圆圈,圆圈的中央,再画一个小圆圈,各人轮流将自己的陀螺往圈子里打,使陀螺能旋转出来。如陀螺已固定在一点上旋转,这时,可用绳子将它圈出来,只要到达圈外还在旋转,都不算它死。如果陀螺停止在圈内,或一抽下去就不动了,都算死了,要放在当中小圆圈内,任别人处罚。若处罚别人的陀螺也停在圈内,照样要放在小圆圈内,任人处罚。

五、编花篮

参与者双手搭肩,单腿背向而立,右腿弯曲,勾在一起,围成圆形,顺时针(或逆时针)方向单脚跳,边跳边唱。

歌谣:

> 编,编,编花篮,
> 花篮里面有小孩,
> 小孩的名字叫什么?
> 叫小兰。
> 一五六,一五七,
> …………
> 九八,九九,
> 一百零一。

六、丢沙包

丢沙包是指用碎布及针线缝成、用细沙塞满的沙包用来作武器"投杀"对方的。不同的地方有不同的丢沙包游戏方式。在规定场地内前后各一名投手用沙包投击对方，被击中者就罚下场，若被对方接住，则此人可以增加"一条命"，或者让一个本已"阵亡"的战友重新上场。通过参与此活动有利于提高腾挪躲闪功夫、练习臂力。

丢沙包是我国一项民间传统的游戏，是男孩和女孩混在一起玩的游戏，是一项团结合作的活动。丢沙包有利于人体骨骼、肌肉的生长发育，改善血液系统、呼吸系统、消化系统的机能状况，提高人体的适应能力和抵抗能力；增强个体的自信心；提高反应速度和判断能力；有利于调节人的情绪紧张，改善心理状态，激发人的积极性、创造性和主动性；有利于养成文明健康的生活方式。

"丢沙包"曾经风靡南北，是一个经典的群体性游戏，极受男孩子欢迎。丢沙包的玩法有很多，其中最流行的一种是：先在晒坪或空地上划好一个大圆圈，将参与者按抽签的方法分成甲乙两组，一组站在圈外，一组站在圈内。毫无疑问，圈内的人已被团团围困。圈外的人一声令下，纷纷将手上的沙包扔向圈内的人。如果击中圈内的人的脚部，被击中的人，便要淘汰出局，必须走出圆圈。直到最后一个人被击中淘汰为止，最后两组互换。

游戏重新开始。圈内的人没有沙包，赤手空拳，还要遭到不断飞来的沙包袭击。他们跳跃躲避，宁可让沙包击中身体，也不愿意让沙包击中脚部。沙包虽然不大，但圈外的人为了准头，并不吝惜力气，打在身上也很痛。不过，孩子们玩得兴起，那点痛也算不了什么。在这种玩法中，谁坚强到最后，便谁了不起。但圈中人纷纷淘汰出局，最后只剩下一个，遂成了众矢之的，沙包纷袭如雨，任由他如何灵敏，终究要被击中脚部。

还有一种玩法也很常见，同样是在地上画上一个大圆圈，通过抓阄之类的方法，选出一个"犯人"，投入圈中。在这里，那个圈子就要表示监狱，倒是颇有画地为牢的意味。圈中人可就惨了，圈外所有人的沙包纷纷向他掷去，他可以躲，也可以接，但沙包纷落如雨，双拳难敌四手，只听得噗噗连声，身上早被击中了十下八下。被打中，也是白打。唯一的应对方法，就是像八臂哪吒一样，双手疯狂挥舞，希望能接住一只沙包。只要他能接住，便能得到解放，提前出狱，否则要一直被沙包掷下去。当圈中人出来，游戏告一段落，要重新挑选"犯人"，方便重新开始。这种玩法相当野蛮，尽管十分刺激，很少有女孩子参与。当然做投手就很不错了，就怕不幸被关进牢里。

游戏规则:两人分别站在两头丢沙包,其余的人就在中间躲来躲去。一般采取淘汰制,中间的人若被沙包击中就得充当"投手",如果用手直接抓住了丢过来的沙包则要加上一次"生存机会",游戏继续。这是不是有些像棒球中的"投手","常胜法则"只有一条:我躲,我躲,我躲躲躲!

规则示例:每队4人,男女不限。比赛前抽签决定对手,扔硬币决定先丢沙包还是接沙包。每节比赛3分钟,每场比赛7分钟("3—3—1","1"为中场休息时间)。每场比赛需一名记时员丢沙包的组每打中对方一次得一分,接沙包的组每接中一个沙包得一分。若双方得分相等,则以打掉对方第一个成员时间使用相对少的一方为获胜方。

七、滚铁环

滚铁环是一种中国传统游戏,在二十世纪六七十年代盛行于全国,九十年代末完全消失。滚铁环是项深受少年儿童喜爱的运动项目,自娱性强,还可以锻炼人的协调能力和平衡能力。但是,随着少年儿童现代生活内容的逐渐丰富,尤其是机动车日益增多,曾有着悠久历史和广泛群众基础的推铁环活动,日渐冷落下来。

荷兰的运动专家在1976年指出,滚铁环比赛有助于提高人体的平衡性、肢体的协调以及眼力等。滚铁环游戏练习平衡能力,练习身体的协调性,可以提高四肢活动能力。

铁环通常是用一根细铁丝,弯成一个直径约66厘米的圆圈制成,然后用一个半圆的钩作"车把"。讲究者还会在铁环上套上数个小环,铁环滚起来时,小环会在铁环上滚动,发出悦耳的声音。比谁跑得快时,几个人同时出发,滚着铁环拼命往前跑,快者胜;比谁慢时,停在原地不动,必须保证铁环不倒,时间长者胜。滚铁环的技术一学就会,又熟能生巧。初学时,先将铁环向前转,然后拿"车把"赶快去推着向前走,不倒就行。

八、踢毽子

踢毽子,又叫"打鸡"。起源于汉代,盛行于南北朝和隋唐,至今已有两千多年的历史了,是中国民间体育活动之一,是一项简便易行的健身活动。它深受青少年儿童的喜爱,尤其是少年女子。根据史料记载和出土文物证明,它起源于中国汉代;唐宋时期开始盛行,在民间流传极广,集市上还出现了专门制作出售毽子的店铺;明代开始有了正式的踢毽子比赛;清代达到鼎盛时期,在毽子的制作工艺和踢法技术上,都达到空前的程度。毽子是一项良好的全身性运动,它不需要任何专门的场地和设备,运动量可大可小,老幼皆宜,尤其有助于培养人的灵敏性和协调性,有助于身体的全面发展,增强健康。

毽子可分为鸡毛毽、皮毛毽、纸条毽、绒线毽等几种。在古代,毽子一般用禽类羽毛和金属钱币做成。发展到现在,毽子制作的种类繁多,除沿用古代的办法以外,一般认为有四种。其一,用橡胶制作毽座,含毽底和毛筒一次成型,在毛筒上套金属片和塑料片,在毛筒中插上鹅毛或其他禽类羽毛制作的现代工业化生产的羽毛毽,大致可分为大毽、中毽、花毽和毽球毽。其二,用金属片为底,以纸剪成各种花色缨的手工制作的纸毽。其三,以各种色布条为缨,以大扣为底做的手工布毽。其四,以塑料做成的各色装饰性毽子。

毽子踢法:主要有“盘、拐、绷、蹬”四种。用脚内侧踢为“盘”,用脚外侧踢为“拐”,用脚面踢为“绷”,用脚掌踢为“蹬”。另外,用脚趾踢为“挑”,用脚后跟踢为“磕”。不算双脚同时离地的跳跃动作和其他复杂动作,踢毽子的动作共有 8 种,即盘、蹦、拐、磕、抹、背(音“杯”)、勾、踹。

九、木头人

游戏方法:首先划定一个起点,一个终点。一个人蒙眼,叫“一、二、三”,这时候其他人可以行动,要尽快到达终点,到达终点的人可以自由活动。不然,当蒙眼的人叫木头人,转过身的时候,他要看到其他人不能动,直至他再次回头蒙眼。动了,这个人就出局。

游戏规则如下:

开始唱:

我们都是木头人,

不能说,不能笑,

也不能动,不能叫,

我们都是木头人,

看谁做得最最好!

一起唱：

> 我们都是木头人，
>
> 不许说话不许动，
>
> 不许走路不许笑！

口令完毕，立即保持静止状态，无论本来是什么姿势，都必须保持不动。如果有一人先忍不住说话，或者笑，或者行动，则这个人是游戏失败者。其他人可以给他惩罚，并且唱：

> 你为什么欺负我们木头人，
>
> 木头人不说话！

然后再开始下一轮木头人游戏。

"木头人"游戏，可以带给我们以下几个方面的启发：

第一，做好任何一件事情，要让每一个成员都熟悉运作规则以及要达到的目标。

第二，在达成共识的前提下，任何人违反了规则，都要自觉接受惩罚。

第三，如果谁要是本能地或主观地逃脱违反规则之后的惩罚，必须有人来监督和执行，确保制度的威信。

第四，在这个万花筒般的社会，必然有许多诱惑和美丽陷阱，如果不能抵制这些，就很容易误入迷途。

第五，本游戏以"木头人"命名，其规则要求大家扮演不能有任何动作的木头，而不是让大家成为真正的"木头人"。

第六，游戏的目的，本身就是创造快乐，即使要接受小小的惩罚，也要理解为快乐的手段，而不能把它视为痛苦和敌对。

第七，做任何事情，每个人都要保持快乐的童心，不要把我们周围的人际关系搞得非常复杂。

十、老鹰捉小鸡

老鹰捉小鸡，俗称"黄鹞吃鸡"，又叫"黄鼠狼吃鸡"，是一种多人参加的益智娱乐游戏,在户外或有一定空间的室内进行。

　　这种游戏,对发展学生灵敏性和协调能力,培养学生合作练习,合作意识有一定的促进作用。游戏开始时前先分角色,即一人当母鸡,一人当老鹰,其余的当小鸡。小鸡依次在母鸡后牵着衣襟排成一队,老鹰站在母鸡对面,做捉小鸡姿势。游戏开始时,老鹰叫着做赶鸡运作。母鸡身后的小鸡做惊恐状,母鸡极力保护身后的小鸡。老鹰再叫着转着圈去捉小鸡,众小鸡则在母鸡身后左躲右闪。

第六章　课外体育锻炼的运动损伤

　　体育锻炼是以身体参与为主要手段,以增加身体健康为目的活动过程。因此,在锻炼的过程中难免会出现一些损伤。为了能够健康地进行课外体育锻炼,了解与掌握何为运动损伤,运动损伤有哪些分类,造成运动损伤的成因是什么,体育锻炼中如何有效地预防和处理运动损伤。本章对这些内容加以阐述。

第一节　运动损伤的定义与分类

一、运动损伤定义

运动损伤是指在运动过程中发生的各种损伤。

二、运动损伤分类

（一）擦伤

可表现为抓痕、擦痕、撞痕、压痕、压擦痕等。

（二）扭伤

损伤部位疼痛肿胀,关节活动受限。多发于腰、踝、膝、肩、腕、肘、髋等部位。

（三）挫伤

在钝重器械打击或外力直接作用下使皮下组织、肌肉、韧带或其他组织受伤,而伤部皮肤往往完整无损或只有轻微破损。

（四）脱臼

疼痛、肿胀、功能障碍，可伴有畸形等。

（五）骨折

常见骨折分为两种：一种是皮肤不破，没有伤口，断骨不与外界相通，称为闭合性骨折；另一种是骨头的尖端穿过皮肤，有伤口与外界相通，称为开放性骨折。疼痛、肿胀、功能障碍，可伴有畸形、异常活动、骨擦音骨擦感。

（六）鼻出血

鼻部受外力撞击，致使毛细血管破裂出血。

（七）脑震荡

头部受外力打击或碰撞到坚硬物体，表现为短暂性昏迷、近事遗忘以及头痛、恶心和呕吐等症状。

（八）肌肉拉伤

肌肉拉伤是指肌纤维撕裂而致的损伤。肌肉拉伤的部位通常在大腿后群肌、腰背肌、小腿三头肌等。

第二节　不同类别运动损伤处置

一、擦伤的处置

伤口用清水冲洗干净，伤口干净者，涂上红药水或紫药水或贴上创可贴即可自愈。较严重的擦伤首先需要止血，酌情采取冷敷法、抬高肢体法、绷带加压包扎法、手指直接指点压止血法等方法进行处理，必要时到医院进行伤口清洗、缝合、上药、包扎等处理，以免感染或流血过多。

二、扭伤的处置

扭伤是由于关节部位突然过猛扭转，拧扭了附在关节外面的韧带及肌腱所致。多发生在踝节、膝关节、腕关节及腰部。不同部位的扭伤，其治疗方法也不同。

急性腰扭伤可让患者仰卧在垫得较厚的木床上,腰下垫一个枕头,先冷敷,后热敷。

关节扭伤踝关节、膝关节、腕关节扭伤时,将扭伤部位垫高,先冷敷2～3天后再热敷。如扭伤部位肿胀、皮肤青紫或疼痛,可用陈醋半斤炖热后用毛巾蘸敷伤处,每天2～3次,每次10分钟。

三、挫伤的处置

挫伤是由于身体局部受到钝器打击而引起的组织损伤。损伤的部位通常在踝关节、膝关节、掌指关节等。用冷毛巾进行冷敷,使血管收缩,减轻出血程度和疼痛。在受伤处垫上棉花,用绷带加压包扎。轻度损伤不需特殊处理,经冷敷处理24小时后可用活血化瘀町剂,局部可用伤湿止痛膏贴上,在伤后第一天予以冷敷,第二天热敷。约一周后可吸收消失。较重的挫伤可用云南白药加白酒调敷伤处并包扎,隔日换药一次。

四、脱臼的处置

脱臼即关节脱位。一旦发生脱臼,应嘱病人保持安静,不要活动,更不可揉搓脱臼部位。如脱臼部位在肩部,可把患者肘部弯成直角,再用三角巾把前臂和肘部托起,挂在颈上,再用一条宽带缠过脑部,在对侧脑作结。如脱臼部位在髋部,则应立即让病人躺在软卧上送往医院。动作要轻巧,不可乱伸乱扭,可以先冷敷,扎上绷带,保持关节固定不动后,立即送医院请医生矫正治疗。

五、骨折的处置

对开放性骨折,不可用手回纳,以免引起骨髓炎,应用消毒纱布对伤口做初步包扎、止血后,再用平木板固定送医院处理。骨折后肢体不稳定,容易移动,会加重损伤和剧烈疼痛,可找木板、塑料板等将肢体骨折部位的上下两个关节固定起来。如一时找不到外固定的材料,骨折在上肢者,可屈曲肘关节固定于躯干上;骨折在下肢者,可伸直腿足,固定于对侧的肢体上。怀疑脊柱有骨折者,需早卧在门板或担架上,躯干四周用衣服、被单等垫好,不致移动,不能抬伤者头部,这样会引起伤者脊髓损伤或发生截瘫。昏迷者应俯卧,头转向一侧,以免呕吐时将呕吐物吸入肺内。怀疑颈椎骨折时,需在头颈两侧置一枕头或扶持患者头颈部,不使其在运输途中发生晃动。

六、鼻出血的处置

让受伤者坐下来,头向后仰,暂时用口呼吸,鼻孔用纱布或干净的软纸塞住,用冷毛巾敷在前额和鼻梁上,一般即可止血。如仍不止,应到医院检查、处理,及时采取有效措施,防止大量出血出现休克。

七、脑震荡的处置

轻度脑震荡的患者,安静卧床休息一二天后,即可恢复。对于中、重度的脑震荡,要保持伤员绝对安静,仰卧在平坦的地方,头部冷敷,注意身体的保暖,并及时送医院治疗。

八、肌肉拉伤处置

肌肉拉伤主要由于运动过度或热身不足造成,可根据疼痛程度知道受伤的轻重,一旦出现痛感应立即停止运动,并在痛点敷上冰块或冷毛巾,保持30分钟,以使小血管收缩,减少局部充血、水肿。切忌搓揉及热敷。

第三节 不同项目运动损伤分析

一、田径运动

（一）项目概述

田径称田径运动,是田赛、径赛和全能比赛的全称。现代田径运动的分类不同,主要包括竞走、跑、跳跃、投掷以及由跑、跳、跃、投掷的部分项目组成的全能运动,共计四十多项。田径运动中以时间计算成绩的项目叫径赛;以高度或远度计算成绩的项目叫田赛。全能运动项目,则是以各单项成绩按《田径运动评分表》换算分数计算成绩。跳远运动是田径运动中速度力量型项目,跳远运动员能否取得优异成绩,取决于速度、力量、柔韧、灵敏、耐力、身体各部分协调用力等综合训练素质。

（二）损伤类型

田径运动损伤的主要类型可以分为三类:第一类身体肌肉拉伤,第二类身体关节损伤,第三类是身体擦伤。田径项目的锻炼过程中,锻炼者由于长时间的运动、训练,韧带与肌肉会产生较为剧烈拉长与伸缩,这样就会出现肌肉拉伤。肌肉拉伤也包括多种类型,例如细微损伤与韧带撕裂、断裂等。身体关节损伤在田径训练中是一种较为常见的损伤。手腕关节、腰部关节以及脚踝关节是损伤频率最高的几个部分,肘部关节与膝关节也容易出现损伤。身体皮肤与粗糙表面物体接触、碰撞与摩擦,导致身体出现损伤的情况即身体擦伤,这也是运动者在田径训练中容易出现的损伤类型之一。

（三）损伤原因

田径运动主要包括跑、走、跳、投四类项目,运动形式的不同导致运动损伤程度也有很大区别。如在跑类项目中,运动员以下肢发动力量占据主导,因此损伤更为显著;即便走类项目运动强度较低,但扭伤、关节错位现象却时有发生;对跳类项目而言,腰部、踝部主动发力,因而肌肉损伤、拉伤较易发生;投类项目中,肩部、肘部、膝部全面发力,极易致使躯干拉伤[1]。

1. 无防范意识

自身缺乏防范意识,在锻炼过程中不注重自身安全,随意地进行某些活动,那么必然会导致运动损伤。

2. 运动量过多

适量的负荷可以使运动者的身体机能获得提升,身体素质也能够因此而增加,但是过量的负荷会成为运动者出现运动损伤的诱因。

3. 准备不充分

准备活动对于田径运动而言具有十分重要的作用,它能够帮助运动者身体上的各个部位进行适当的运动,让运动者的身体能够快速地进入训练状态,适应各项训练内容,更好地完成田径训练,通过训练使身体得到锻炼。如果训练之前没有进行准备活动,或者准备活动不够充分,那么运动者的身体必然会存在一定间

---

[1] 白国言,齐建国.田径运动员运动损伤原因分析及预防[J].当代体育科技,2018(7):8,10.

题,贸然的进行各类剧烈运动必然会导致运动损伤。

4. 练后无放松

很多田径运动者没有在运动、训练过后及时地进行放松活动,导致肌肉、关节、内脏始终保持在运动状态,那么长此以往,身体机能必然会有所下降,运动疲劳程度也会因此而提升,在影响田径运动者生活状态的同时容易造成运动损伤的出现。

(四)损伤预防

1. 强化安全锻炼的意识

对比其他球类运动而言,田径运动的确略显枯燥,尤其是在训练期间,着实让人感觉到有些乏味,不仅会使运动员产生疲于训练的低落情绪,往往还会忽视一些安全问题。此时,就必须加强运动员思想教育,让每一名运动员把预防这根弦紧绷起来,同时,还可以适当地开展安全课堂知识讲座,灌输一些科学运动防护妙招,提高运动员健康认知,让每一名运动者都能够将防护理念刻入大脑意识,为降低运动损伤奠定储备基础。

2. 加强易伤部位的训练

易伤部位即为机体的薄弱环节,只有让易损部位功能完善,才能做到防患于未然,将损伤事故降到最低,其中,加强易伤部位肌肉力量训练是预防运动损伤最为有效的方式之一。加强肌肉力量要做到:维持肌肉平衡,发展肌肉延展性,强化肌肉协调性,使整个肌肉系统均处于良性运作状态,为运动需求时提供动力。只有让易伤部位得到相应的锻炼,才能确保身体机能时刻处于最佳状态,才能将运动损伤扼杀于摇篮之中。

二、足球运动

(一)项目概述

足球运动是一项古老的体育活动,源远流长。最早起源于我国古代的一种球类游戏"蹴鞠",后来经过阿拉伯人传到欧洲,发展成现代足球。现代足球运动正式确立于1863年10月26日,英国足球联合会成立,它是世界上第一个足球组织,此外它还统一了足球规则。足球运动具有运动强度比较大、运动节奏比较快,且具有竞争激烈、对抗性强等项目特点,所以,在足球教学训练中,运动损伤事故时有发生。

（二）损伤类型

常见足球运动损伤主要发生于大腿、小腿、膝关节、踝关节等下肢部位,肘关节、腕关节以及腰背部损伤也时有发生。损伤的类型则主要以扭伤、擦伤等急性损伤为主。

（一）损伤原因

第一,运动参与者之间互相碰撞而产生的运动损伤。足球参与者经常身体上的接触与碰撞,碰撞就会有可能导致足球运动参与者的扭伤、擦伤、摔伤、皮下血肿、肌肉挫伤断裂、韧带撕裂,严重可能会导致足球运动参与者骨折、脑震荡、脑出血等。

第二,运动参与者与足球之间发生接触而产成的运动损伤。足球参与者与足球接触的地方不当,会导致足球参与者头部、腹部、裆部的擦伤或者挫伤;守门员在守门扑球时的手指损伤;足球参与者基本功扎实、动作没有成型都可能会造成踝关节、髋关节、膝关节的损伤。

第三,运动负荷量过大导致的运动损伤。运动负荷量过大,会产生过度疲劳,体力消耗太大就会很容易导致足球运动参与者动作变形、反应过慢、精力无法集中,从而导致损伤的发生。比如肌肉拉伤、肌肉疼痛、韧带撕裂等。

第四,没有进行充分热身而造成的运动损伤。进行足球运动前没有进行充分的热身准备,身体各个关节没有充分活动开,身体肌肉过于紧绷,加大了足球运动损伤产生的可能性。

第五,足球参与者因为身体素质的强弱造成的运动损伤。自身的素质较差,肌肉发达程度、骨骼、关节灵活度以及体能的强弱,都会增加运动损伤发生的概率。

第六,客观因素而造成的运动损伤。运动场地、运动装备、气候条件等客观因素都有可能增加足球运动参与者的运动损伤[①]。

（二）损伤预防

就足球运动锻炼而言,有效避免发生运动损伤的前提是加强足球锻炼者自身

---

① 孟泽,吴奔.足球运动损伤康复以及预防损伤的研究[J].体育科技文献通报,2018(1):68,74.

态度的端正和自我保护意识的提高。足球运动爱好者一定要牢记体育教师和教练关于安全问题的叮嘱,重视足球运动的安全问题。建议锻炼者有意识地对自己进行注意力方面的专门性训练,从而提高自身的安全意识。另外,科学而详细的训练计划是提高运动锻炼安全性的保障。所以,足球运动爱好者一定要充分了解自身的实际情况和运动锻炼特点,遵循因人而异、循序渐进的规律制定出合适自己的足球运动训练计划。尤其要切记不要在肌肉疲劳时进行大负荷的足球运动。

足球运动中所发生的各类运动损伤,其剖析发生的根源很多是锻炼者对准备活动的不重视。准备活动要根据自己的运动训练计划制定,在实际准备活动设计上针对运动负荷量比较大的训练内容时,一定要对容易受伤的关节部位进行专门性准备活动。有些足球运动爱好者在锻炼结束时对于放松活动不是很重视,认为躺在草地上休闲一会就可以了,其实这是典型的错误观念。实践证明,如果整理活动不够充分,会导致锻炼者更加疲劳。因此,在足球运动结束后一定要做一些必要的放松活动。

当然,除上述主观因素外,我们也要注意一些客观性因素。例如,足球场地的问题,恶劣天气的问题。

三、篮球运动

(一) 项目概述

篮球运动需要智力、体力、技巧等相互结合才能完成的运动项目,它具有综合性特点,充满了竞技性、趣味性以及对抗性,还包含了高度的合作性。因此,篮球运动在全世界的运动项目中占有相当重要的位置,世界上很多人都喜爱欢迎篮球运动项目,或者是观看篮球比赛。篮球运动属于团体协作运动,人员多。运动场面相对复杂,在运动过程中两队成员常常发生肢体的接触和碰撞。所以篮球运动非常容易发现身体损伤,时时出现不同程度的运动损伤。

(二) 损伤类型

篮球运动中出现的运动损伤主要有踝关节韧带挫伤、掌指和指间关节损伤、膝关节挫伤等。

（三）损伤原因

1. 踝关节韧带挫伤以及出现的症状

在篮球运动中，由于篮球运动本身的运动特征的因素，最常见的运动损伤当属踝关节韧带扭伤。根据很多的调查显示，踝关节韧带挫伤这一运动损伤在篮球运动中所占比例达到了一半以上。这么明显的数据和比例让运动者在进行篮球运动时不得不进行有效的预防，同时需要在进行篮球运动教学时引起高度的重视。所以在这些偏差中踝关节韧带就容易出现损伤，踝关节的韧带损伤分为内侧韧带损伤和外侧韧损伤，就这二者的损伤出现的概率而言外侧的损伤出现的频率更加多。踝关节的韧带损伤出现会让脚踝出现肿胀、淤青，一旦发生踝关节的损伤后会相当疼痛并且会不断向踝关节的前部蔓延，这样的损伤会严重影响运动者的运动活动及其生活作息。

2. 掌指和指间关节损伤及出现的症状

在篮球运行中，常见的损伤症状排名第二的当属掌指、指间关节损伤。由于运动者没有很好地掌握接球技巧，以及在断球时手指是过于紧张，伸出的手指过直，或者是篮球充的气体太足等因素都容易造成该种损伤。这种损伤常常出现在初学者的身上，因为对于篮球技巧的掌握程度太低而不懂得运用，或在篮球运动前没有做好准备活动。在篮球运动中一旦发生这样的损伤，会很快导致肿胀感和疼痛感，凡是出现这样或那样的损伤都会让运动活动受到限制。

3. 膝关节挫伤等

在篮球运动中，除了出现以上常见的运动损伤外，还有一种相当常见的运动损伤。膝关节的曲折大大降低了稳定性，半月板后移膝盖突然外旋或内旋，而半月板不能及时地回位，遭到挤压，这就会容易造成半月板撕裂。出现这种损伤后会出现的症状有：膝关节剧烈疼痛，并且会伴随肿胀，导致该部位的功能出现明显的障碍。

（四）损伤预防

1. 加强针对训练

加强易损伤部位和较弱部位的针对训练，提高它们的功能，是预防运动损伤的一种积极手段。在篮球的运动中，有一些部位是比较容易在运动中受到损伤的，如脚关节处、指关节处等部位，运动者应加强自我的保护意识，对这些易受伤的部位进行训练,可以通过"压指"的方法来提高手指的抗击能力。

2. 确保场地安全

体育运动有其一定的特殊性,必须要严格按照要求来布置场地和选择场地,并且要有相当水平的各种辅助装备,如鞋子、运动服等,这些都是引发安全事故的主要的外部因素。携带的饰物以及杂物都应在比赛和训练的时候取下来,以保障场地的安全和自我本身的安全,发现问题必须要很好地解决它,做到防患于未然。

3. 提高安全意识

在篮球运动中,应加强安全教育和提高安全意识,在平时训练时要加强对运动者安全意识和安全教育得普及,因为只有这样才能让他们意识到自身的安全问题,因此要对一些违反的人进行安全教育知识的普及,利用这些时常发生的事情来引导运动员引起对人身安全的主意,树立强烈的安全意识,从而达到预防运动损伤的效果。

四、排球运动

(一) 项目概述

排球是球类运动项目之一,球场长方形,中间隔有高网,比赛双方(每方六人)各占球场的一方,球员用手把球从网上空打来打去。排球运动使用的球,用羊皮或人造革做壳,橡胶做胆,大小和足球相似。这项运动源于美国,1895年,美国马萨诸塞州(旧称麻省)霍利约克市,一位叫威廉·G.摩根的体育工作人员发明的。初期,排球被称为"mintonette"(小网子之意)。1896年,霍尔斯泰德教授根据比赛特点,提议改为"volleyball"(空中击球),即现代国际通用名称"volleyball"(排球)。当时的正式用球圆周为25~27英寸(约63.5~68.8厘米),重量为9~12盎司(约255~346克)。现代国际比赛用球的材料和制作工艺有很大改变,但球的规格还和以前差不多。

排球运动有以下主要特点:

群众性:排球场地设备简单,比赛规则容易掌握。既可在球场上比赛和训练,亦可以在一般空地上活动,运动量可大可小,适合于不同年龄、不同性别、不同体质、不同训练程度的人。

全面性:规则规定,每个队员都要进行位置轮转,既要到前排扣球与拦网,又要轮到后排防守与接应。要求每个队员必须全面地掌握各项技术,能在各个位置上比赛。

技巧性:规则规定,比赛中球不能落地,不得持球、连击。击球时间的短暂,击球空间的多变,决定了排球的高度技巧性。

对抗性:排球比赛中,双方的攻防转换始终是在激烈的对抗中进行。高水平比赛中,对抗的焦点在网上的扣拦上。在一场比赛中,夺取一分往往需要经过多个回合的交锋。水平越高的比赛,对抗争夺也越激烈。

二重性:排球是多种技术都可以得分,也能失分的项目,这种情况在决胜局比赛中更加突出,所以说每项技术都具有攻防的二重性,因此,要求技术既要有攻击性,又要有准确性。

集体性:排球比赛是集体比赛项目,除发球外,都是在集体配合中进行的。没有严密的集体配合,再好的个人技术也难以发挥,更无法发挥战术的作用。水平越高的队,集体配合就越严密。

(二) 损伤类型

相关研究结果显示,在排球运动过程总容易产生运动损伤的部位按发生频率从高到低的顺序为膝关节、腰背损伤、上臂损伤、肩部损伤、踝关节损伤、手腕损伤。排球运动损伤的类型主要有拉伤、扭伤、挫伤、劳损。挫伤和扭伤出现的次数最多,这与排球运动的特点有关。排球运动的扣球和每次起跳落地受膝关节巨大的冲击,拦网和传球的时候容易挫伤手指,排球进攻队员在专项技术训练时,每次训练课要反复进行扣球和腰背力量的练习,造成腰背肌肉负荷过重,长期如此,造成腰肌劳损。

(三) 损伤原因

分析排球运动损伤的原因,主要与训练安排、技术动作、训练水平、身体状况、运动环境、场地设备等密切关联。如膝关节损伤:膝关节是人体中结构最复杂、杠杆作用最强、负重较大容易受伤的部位。膝关节是由股骨下端、胫骨上端及髌骨构成,三者被韧带、关节束和关节外部的肌肉、肌腱紧密联系。膝关节的韧带包括前后交叉韧带和半月板韧带。此部位的损伤主要是因为排球的一些基本动作需要膝关节处于半屈曲位(130°~150°)屈伸、扭转发力,而此位置正是它的解剖生理弱点,致使关节稳定功能相对减弱,并且关节有轻微的内外旋,增强了股骨与胫腓骨之间的研磨,因而使膝关节的韧带、半月板、髌骨容易损伤。

(四)损伤预防[①]

1. 充分做好准备活动,强化基础动作规范

积极应对做好准备活动,加强基础动作的练习,重视准备活动是防止各种伤害事故发生的有效手段和重要手段,运动者在训练前应进行慢跑,充分做好准备活动,逐步由一般活动过渡到专项活动。另外准备活动的运动量应根据个人的身体状态、气候条件而定。若机体兴奋程度较低,准备活动就应做充分。一般以身体感到发热为宜。对准备活动进行严格监督,加强思想安全教育在教学训练中,让运动者从思想上要高度重视运动损伤的预防,对预防的意义有充分的认识,达到自觉充分活动的目的。

2. 科学进行教学训练,强化医务监督帮助

在组织教学训练时,应根据运动者的年龄、性别、健康状况和排球技术水平,对复杂动作和容易导致运动损伤的环节,做到心中有数,事先做好预防的准备。合理安排运动时间和运动量,运动负荷要逐渐增强,练习的强度和重复练习的次数要根据训练者的情况区别对待。同时,应该加强运动医务监督,及时发现和处理运动过程中损伤的先兆,有效避免运动损伤的发生。

3. 重视易伤部位训练,传授损伤规避方法

加强易伤部位的肌肉力量加强易伤部位和相对较薄弱部位的训练,提高它们的功能,是预防运动损伤的积极手段。根据排球运动的项目特点及人体的解剖生理特点,肩、膝、踝关节和手腕部容易发生损伤,因此有针对性地加强这些部位肌肉的力量练习,对于预防运动损伤是必要的。如加强股四头肌的力量就可以减轻膝关节的负担,减少损伤;多做些指力练习,可防止关节挫伤;加强腰背肌肉的力量练习,可防止腰肌劳损。

五、攀岩运动

(一)项目概述

攀岩源自登山运动,属于登山爱好者的一项基本技能,由于进行登山运动对

---

① 李海泉,刘岩.刍议排球运动损伤的原因及预防措施[J].运动,2015(21):51-52.

环境等各方面要求较高,攀岩项目逐渐作为一种极限运动从登山运动中衍生出来。根据攀登对象的不同,攀岩的形式主要分为人工攀岩(对象为人造岩墙)和自然岩壁攀登(对象为岩石峭壁)。运动爱好者在人类具有的原始攀爬本能的基础上,以手腕和手肘为主要支撑点,利用抓、握、撑等各种方法进行攀登。近年来,攀岩运动在我国青少年极限运动爱好者中逐渐流行。

（二）损伤类型

相关研究结果显示:攀岩运动损伤以上肢为主,手指(72.4%)、手腕(44.1%)、肘部(26.3%)、小腿(25.3%)及肩部(23.7%)是运动损伤最常发生的部位;攀岩运动损伤类型多为急性损伤,擦伤(70.4%)、肌肉韧带拉伤(47%)、关节扭伤(39.1%)、软组织挫伤(22%)是攀岩运动损伤常见的类型[①]。

如指侧副韧带伤害:手指侧副韧带之扭伤或断裂是攀岩最常见的运动伤害,其中以中指、食指或无名指的近端指骨间关节和拇指的掌骨与指骨间关节损伤为主。当攀岩者以动态动作去抠一个岩穴时,中间三指的近端指骨间关节将承受极大施力及大幅弯曲;而捏点的动作则易使拇指的掌骨与指骨间关节扭伤。患者最常见的症状是关节的肿胀、僵硬、慢性疼痛及运动受限,若对患部施压时手指呈现弯屈及不稳定,则表侧副韧带已完全断裂;若患者仅感到疼痛,但患部仍稳定,则可能只是扭伤。

再如屈肌肌腱伤害:每一根手指皆有两条屈肌肌腱(拇指除外),其中屈指浅肌可将近端指骨间关节及掌骨与指骨间关节弯曲;屈指深肌则可将远程指骨间关节、近端指骨间关节及掌骨与指骨间关节弯曲。攀岩时,闭锁型抓法容易导致屈指浅肌的肌腱撕裂,抠岩穴则易使屈指深肌肌腱撕裂。当屈指浅肌肌腱撕裂时,近端指骨间关节将难以弯曲;当屈指深肌肌腱撕裂时,远程指骨间关节则难以弯曲,患部的疼痛、肿胀与握力和捏力消失则是两者共同的症状。检查时,可先将近端指骨间关节伸直,并尝试弯曲指尖,若患指无法将远程指骨间关节屈曲,则表示屈指深肌肌腱发生伤害;至于屈指浅肌肌腱的检查,则可将手掌朝上置于桌面,将患指外之四指维持伸展姿势并令患指弯曲,若无法屈曲则表该指的屈指浅肌肌腱受伤。

---

① 石峰,张亚琳,吴笑.青少年攀岩运动爱好者运动损伤特征研究[J].青少年体育,2019(6):129-130,70.

（三）损伤原因

准备活动不足、技术水平不足、运动负荷过大、没有佩戴护具及注意力分散。准备活动不充分和力量训练负荷过大为攀岩运动损伤产生的主要原因，且随着攀岩运动的逐渐普及，多数攀岩运动爱好者在技术水平较低的情况下就进行攀岩运动，此时比较容易导致运动损伤的发生。

（四）损伤预防

1. 重视热身与整理

运动前热身是预防运动伤害的首要之务。就攀岩而言，可先在横渡墙上攀爬简单路线2~3分钟以促进血液循环，直至身体些微出汗为止，但须以手臂不至硬化为原则。接着，为了增加肌肉弹性、避免拉伤，可进行20分钟的柔软操。伸展运动的原则如下：每个动作静态维持10秒；勿在肌肉拉紧后用力弹压；肌腱有被拉扯的感觉，但非疼痛；进行时保持轻、慢之原则，且不停地深呼吸；重复每个动作2~3次。攀岩后的整理运动则旨在刺激血液循环、带走代谢物，并减少肌肉疼痛，实施步骤与热身时相同。

2. 强化柔软度训练

柔软度训练可加强肌肉的伸展性，对于增加关节运动幅度及防止肌肉拉伤十分重要。此外，伸展度愈好的肌肉，肌力增加的幅度愈大，而柔软度差的人罹患肌腱炎的概率亦较高。为了防止手部、肩部及肘部的伤害，上半身的柔软度训练应包含颈关节、肩关节、二头肌、三头肌、三角肌、屈指肌、伸指肌及背部群肌等部位之伸展。

3. 加强肌力的训练

肌力发展不健全往往是许多运动伤害的肇因，如某些攀岩者的肌腱炎便是由于二头肌之强度远大于其拮抗肌(三头肌)，而使三头肌肌腱撕裂所致。对于攀岩者而言，拮抗肌的训练应着重于前臂伸肌、三头肌及背肌之强度，与前臂屈肌、二头肌及腹肌之发展相称。为减少肩部"夹击症候群"的罹患率，则须强化旋转带肌群、下斜方肌、前锯肌等，以增加肩关节的稳定度。

六、羽毛球运动

（一）项目概述

羽毛球是一项室内、室外都可以进行的体育运动。现代羽毛球运动起源于英国。1873年，在英国格拉斯哥郡的伯明顿镇有一位叫鲍弗特的公爵，在他的领地开游园会时，有几个从印度回来的退役军官就向大家介绍了一种隔网用拍子来回击打毽球的游戏，人们对此产生了浓厚的兴趣。因这项活动极富趣味性，很快就在上层社会社交场上风行开来。"伯明顿"（badminton）即成为英文羽毛球的名字。1893年，英国14个羽毛球俱乐部组成羽毛球协会，即全英公开赛的前身。自1992年起，羽毛球成为奥运会的正式比赛项目。依据参与的人数，可以分为单打与双打，及新兴的"3打3"。羽毛球拍由拍面、拍杆、拍柄及拍框与拍杆的接头构成。一支球拍的长度不超过680毫米，其中球拍柄与球拍杆长度不超过41厘米，拍框长度为28厘米，宽为23厘米，随着科学技术的发展，球拍的发展向着重量更轻、拍框更硬、拍杆弹性更好的方向发展。

（二）损伤类型

在羽毛球运动中比较常见损伤有软组织损伤，如肌肉拉伤、肌腱扭伤、断裂伤等；关节与韧带损伤，有急性和慢性的关节与韧带损伤，其中以慢性关节、韧带损伤较为多见，如膝、踝损伤，肱骨外上髁炎等。骨骼损伤主要是肩关节、肘关节脱位，但羽毛球中较少出现。

（三）损伤原因

1. 腕关节损伤

腕关节损伤是羽毛球运动中经常发生的损伤。由于羽毛球的技术要求，在击打、悬挂、拾取、推动、拍打和钩住手腕时，需要基本的向后伸展和向外伸展动作。然后，根据不同的技术要点，手腕快速伸展闪动抽打来击球，或者手腕从向后伸展到向内伸展、向内旋转、闪动切割来击球。在这种快速向后伸展和鞭打动作的过程中，手腕不断地以不同角度向内、向外旋转和向内收缩。结果，导致手腕的薄弱环节——三角软骨盘，被旋转挤压，不断损坏。

2. 肩关节损伤

人体运动范围最广、运动面积最大的关节就是肩关节,它围绕三个基本轴线都可以运动,肩关节可用于屈伸、外展和内收,它可以围绕垂直轴在内部和外部旋转,肩关节结构薄弱导致稳定性不足。肩关节损伤主要有4种,分别是肩关节撞击、肩袖损伤、肩韧带损伤和肱二头肌长头肌腱损伤。打羽毛球时,需要通过肩关节外展来进行引拍和挥拍动作,但是如果你玩得太用力或者热身不够,你会在很长一段时间后出现"肩部撞击"症状。肌肉力量小以及过度的运动和用力会导致肩袖损伤。技术动作不正确,正手击杀球或高远球时手臂不够放松,力量无法依次通过肩膀、肘部、手腕和手指传递到网拍头,力量到达肩膀时会断裂,这导致肩膀承受大部分力量,并在一段时间的长期积累后形成伤害。肩袖损伤主要发生在正手发球、正手高远球和杀球等肩关节不断重复的极度外展动作时。肩袖受伤后,肩膀会感到不舒服,同时会导致运动时发生动作迟滞。即使在一段时间休息后,它会明显改善并消失。然而,当你再次使用错误的动作击球,它仍然会复发。

3. 膝关节损伤

膝关节在人体各个关节中是很重要的,虽然人体膝关节作为平面关节且稳定性相对较弱,但它却能够撑起整个人体的重量,它的稳定性主要依靠韧带和半月板来实现。在羽毛球运动中,运动员需要经常性的快速启动、紧急转向或者紧急停止,在此过程中,体重和来自地面的冲击力会给膝关节造成极大的压力,很容易造成膝关节的韧带拉伤,还可能会给膝关节造成更严重的损伤,比如韧带断裂等。从羽毛球运动技术要点方面来说,除了羽毛球上手发球和高压球技术之外,其他技术要点都要求膝关节长时间处于半蹲状态。在许多运动中,膝关节处于半蹲的位置,并且经常施加力或以130°~150°的角度进行运动。虽然这个角度能够最大程度地伸展膝盖,关节活动也是最有利和最灵活的,但是此时,关节的稳定性相对较低,膝盖的内侧和外侧副韧带放松,当关节活动时,髌骨软骨表面很容易由于"不和谐槽"的长期"扭曲"和"挤压"而造成损伤,从而引起髌骨劳损导致膝关节的正常功能无法正常使用。

4. 踝关节损伤

相关资料的研究表明,在运动的过程中支撑脚不稳定、技术动作差、运动损伤、起跳动作错误和准备活动不足等都是造成踝关节损伤的主要原因。羽毛球运动中,踝关节将用于全场跑动、跨步支撑和起跳落地等所有运动。所以,羽毛球爱好者对于预防踝关节损伤的原因是必须要有一定了解的。在全场跑动的过程中，踝关节长时间处于各种不定方向、不定角度的发力阶段，一旦急停，身体和地面冲力对于踝关节的作用力将是极大的，很容易导致踝关节的扭伤甚至是断裂，保持动作的规范在此时就至关重要了。

5. 开放性运动损伤

据研究表明，羽毛球开放性损伤发生的概率非常高，主要有手脚起泡等问题。在进行羽毛球运动时，你的手掌会直接接触羽毛球拍。在球拍握拍时姿势不当，手胶硬度高、吸汗性能差。运动者活动时间长且操作不规范，如握拍不紧，握拍力差，或者击球时经常打不到球等，导致球拍手柄不断摩擦手掌，从而引起手掌起泡。脚起泡的主要原因是脚底与袜子或鞋子之间的过度摩擦。

第七章 中外体育锻炼名人与名言

在体育锻炼发展的历史长河中,来自国内外的很多名人为我们树立了典范,留下了诸多感人的事迹,也留下了诸多让人备受鼓舞的话语。对其进行了解与解读,将有利于对其参悟并践行与实际行动。为此,本章选取了一些中外名人关于体育锻炼的重要思想和观点以及名言警句进行赏析。

第一节 中外体育锻炼名人

一、孔子

孔子是中国古代伟大的教育家,他创办了中国影响最大的私学,开创了一整套的教育理论,编纂了中国最早的教材《诗经》,教化了三千弟子。同时孔子又是一个多才多艺的人,也是一个热爱体育活动、深谙养生之道的人。孔子不仅是一位教育家,更是一个热爱体育活动的人。从记录其言行的《论语》中可看出孔子多方面的理论主张,也可以看出他的体育观和养生观,我们将对孔子的体育素质和孔子的体育观进行分析,挖掘古代体育思想的精神财富。

孔子的体育教育思想和教学实践活动,是孔子教育思想的重要组成部分。孔子的教育思想体现了德、智、体全面发展的教育思想萌芽。孔子以"仁"为核心的体育教育思想对现代体育的发展产生了重大的影响,突出表现如下:一是提出了体育教育是"君子"德智体全面发展的基础;二是提出了体育教育的重要手段是"因材施教"和"快乐教育";三是认为体育教育的目的是达到外"礼"内"仁"的修养境界。

孔子的体育美育思想表现在:"勇者不惧"的体育人格美育标准;"礼乐相辅"的体育情感美育手段;"文质彬彬"的体育行为美育要求;"修身为本"的体育人格美育途径。对现实意义表现在:有利于建立一个理想的秩序化社会;有利于培植"济世忧国"的体育精神;强调直接参与,注重体验,蕴涵着现代体育的审美特征。

孔子体育思想中重视对体育道德的规训,轻视竞技的结果,倡导"友谊第一,比赛第二"的竞技精神,主张"张弛有度,劳逸结合"的体育运动理念,体育是"成人"教育的重要环节,倡导"身体、技能与精神"全面发展的教育理念。随着孔子学院的办学从规模化向内涵化转变,孔子体育思想将成为中华民族传统体育文化思想的重要代表,在传播孔子体育思想的过程中要注意取其精华去其糟粕,真正展示中华文化的普世价值。

孔子的体育思想是他教育思想的重要组成部分。在我国教育史上,他是第一位提倡体育的教育家。他主张"志于道,据于德,依于仁,游于艺",这种思想实际上包含了德育、智育、体育全面发展的因素。孔子的教育内容主要有:诗、书、礼、乐、射、御等,其中的"射、御",分别指射箭和驾御战车。在诸侯兼并,战乱频繁的春秋时代,"射、御"是重要的军事体育项目,而"礼"和"乐"既包括道德礼仪的教育,又含有体育和美育的成分。至于礼中的"射礼",乐中的"武舞",则更属于体育运动的范畴了。

孔子重视对学生的体育教育,他本人也喜好多种强身活动,射、御造诣尤深。《礼记·射义》谓:"孔子射于矍相之圃,盖观者如堵墙",足见他射技高明,因而吸引了如此多的观众。《论语·子罕》中有一段孔子自谦的话:"吾何执?执御乎?执射乎?吾执御矣!"(我干什么呀?赶马车呢?还是当射箭手呢?我赶马车吧!)因此,他擅长御车也自不待言。

孔子不仅是历史上重要的思想家、教育家,还是一名优秀的体育健将,且在多个项目中都有上乘表现。后人致敬孔子,理当"心体谐一"地追求内外兼修的素质发展。孔子在体育方面的当有天赋一面。据《史记》记载,孔子"长九尺有六寸,人皆谓之'长人'而异之"。这段记载说明,孔子的身高在春秋时期超过普通人。按照汉朝1尺=23.1厘米计算,孔子的身高约为2.21米,已接近姚明。但按周朝1尺=19.9厘米计算,孔子身高约为1.9米,似乎更合理。无奈当时没有篮球运动,更没有列国篮球比赛,否则孔子将凭自然条件在得分、篮板、封盖等数据方面为鲁国争得荣誉。虽然部分身高超群者存在"中看不代表中用"的竞技表现,但孔子无需依靠篮球也能在体育领域大有作为。孟子曾评价孔子"登东山而小鲁,登泰山而小天下",此举不仅舒展了儒家文化中仁者乐山、智者乐水的君子襟怀,也印证了孔子的身体素质。当时,泰山虽为免费景区,但登山路径并无今天这般便利,且当时并未研发出冲锋裤和登山鞋,作为一名户外运动爱好者的孔子能带着弟子完成登顶任务实非易事。

孔子心系天下,半生颠沛流离,最终活到73岁,这在当时已堪称少见的长寿。长寿背后,不只是情怀和志向,更有多项体育锻炼的支撑。《论语》中多处证明,孔子崇尚户外运动,他很认同弟子曾皙追求的暮春时节在徒步、游泳、跳舞之后唱着歌归来的阳光理想心态,而他本人也在田径、举重、游泳、射箭、马术、钓鱼等一系列运动中成绩优异。《淮南子》中评价孔子"足蹑郊兔,力招城关",意为跑动能力强得能抓住野兔,臂力大得能举起城门闩,这种身体素质放在足球赛场也堪称强悍中锋。看过周润发版电影《孔子》的人都知道,孔子的射箭技术在春秋时期冠绝齐鲁,《礼记》中记载"孔子射于矍相之圃,盖观者如堵墙",意为他表演射箭时能引来他人层层围观。子曰:"君子之争,必也射乎。"他认为,君子之间产生争执时应靠射箭来定输赢,比"石头剪子布"技术含量高得多。

"仁"是孔子思想中的核心。何谓"仁"? 他解释过,爱人,克己复礼,己欲立而立人,己欲达而达人——这些都是集体项目中必要的素质。如今正处于重新振兴中的中国三大球运动员们,必须做到这种团结互敬互助的"仁"。所以,孔子在体育方面的成就不仅表现于成绩上,也体现在体育人文精神上。孔子内外兼修的垂范价值还体现于"君子六艺"上。六艺包括礼、乐、射、御、书、算,分别指德育、音乐、射箭、驾驶、书法、数学,是古代书生在四书五经等文化教育必修科目之外重要的素质教育科目,更是知识分子阶层对全民健身的必要引领。但后世书生受科举制度等因素影响,忽略素质教育科目,导致"手无缚鸡之力","范进中举"的书呆子形象渐渐形成。见贤思齐、海纳百川的学习精神,是中华民族经历数千年而生生不息的重要原因。先贤孔子已然通过个人实践为后人树立了一个文化与素质并茂、心灵与身体兼修的榜样,他留给后人的不仅是文化和教育层面的见贤思齐,更有体育和健康方面的海纳百川。所以,致敬孔子当"心体谐一"。

二、华佗

华佗(约公元145年—公元208年),名旉,字元化,汉末沛国谯(今安徽亳州市）人，东汉末医学家，与董奉、张仲景并称为"建安三神医"。华佗被后人称为"外科圣手""外科鼻祖"。后人多用"神医华佗"称呼他，又以"华佗再世""元化重生"称誉有杰出医术的医师。华佗也是中国古代医疗体育的创始人之一。他不仅善于治病，还特别提倡养生之道。他曾对弟子吴普说："人体欲得劳动，但不当使极耳，动摇则俗气得消，血脉流通，病不得生，户枢不朽也。"华佗继承和发展了前人"圣人不治已病，治未病"的预防理论，为年老体弱者编排了一套模仿猿、鹿、熊、虎等五种禽兽姿态的健身操——"五禽戏"。

"五禽戏"，内容有五：一叫虎戏，二叫鹿戏，三叫熊戏，四叫猿戏，五叫鸟戏，可以用来防治疾病，使腿脚轻便利索。身体不舒服时，就起来做其中一戏，流汗浸湿衣服后，接着在上面搽上爽身粉，身体便觉得轻松便捷，腹中想吃东西了。他的学生吴普施行这种方法锻炼，活到九十多岁时，听力和视力都很好，牙齿也完整牢固。五禽戏是一套使全身肌肉和关节都能得到舒展的医疗体操。华佗认为"人体欲得劳动，……血脉流通，病不得生，譬如户枢，终不朽也"。五禽戏的动作是模仿虎的扑动前肢、鹿的伸转头颈、熊的伏倒站起、猿的脚尖纵跳、鸟的展翅飞翔等。相传华佗在许昌时，天天指导许多瘦弱的人在旷地上做这个体操，"可以经常运动，用以除疾，兼利蹄足，以当导引。体有不快，起作一禽之戏，怡而汗出，因以着粉，身体轻便而欲食"。

三、老子

老子以气养生。春秋时期的老子不仅是一位伟大的思想家、道家创始人，还是一位伟大的养生家，是一位年逾百岁的寿星。老子长寿得益于其养生之道。其核心就是他自己说的："吾欲独异于人，而贵食母。"食母就是食气，食气是古人养生的主要方法。老子不但是以气养生的实践者，还根据自己的切身体会，写出了气功养生的理论和方法，成为历代气功家练功的要旨，为人类的健康做出了巨大贡献。老子的养生方法着重是"凝神人气穴"的神守法，主要有守督法、守腹法和守中法。守督法对调节神经系统，改善全身的机能具有很好的作用；守腹法对于培育精气、改善消化系统机能和下肢功能有很大好处；守中法具有清醒头脑、改善五脏机能的作用。

四、庄子

庄子的"八字"养生：少私、清静、寡欲、乐观。庄子认为私是百症之根。一个人如果私心满腹，就会斤斤计较，患得患失，终日不得其安，必致形劳精亏，积虑成疾。庄子认为，只有心底无私，才能胸怀大志，不计较功名利禄，才会知足常乐，乐观坦荡。庄子提倡有志之士应当重视磨炼自己的自控能力。在奋进中不时创造下来的机会，这时保持健康的心境和体魄至为重要。庄子认为"人欲不可饱，亦不可纵"，纵欲则必招祸染病。他提出，少性欲就不会损精伤神。节食欲就不会劳气伤身，寡官欲就不会积虑伤心。庄子所说的寡欲，既是处世又是养生要诀。庄子曾形象地比喻说，水泽里的野鸡，十步一啄，百步一饮，逍遥自得，情绪乐观，因之得以保生；而鸟儿关在笼中，羽毛会憔悴，意志消沉，低头不鸣，因之难以全生。人如果禁锢于精神惆怅之中，必然会忧愁相接，有损健康。他主张人生在世，要"安时而处顺，哀乐不能人"，乐观豁达。

五、孙思邈

孙思邈用"十常"养生。药王孙思邈在西魏时代出生，活到101岁才仙逝，其长寿心得必有过人之处。但事实上幼时的孙思邈体弱多病，所以才因病学医。孙思邈有"十常"养生法：

① 发常梳，头部有很多重要的穴位，经常"梳发"，可以防止头痛、耳鸣、白发和脱发。

② 目常运，合眼然后用力睁开眼。眼珠打圈，望向左、上、右、下四方；再合眼，用力睁开眼，眼珠打圈，望向右、上、左、下四方。重复3次。有助于眼睛保健，纠正近视。

③ 齿常叩，口微微合上，上下排牙齿互叩，无需太用力，但牙齿互叩时须发出声响，做36下。可以通上下颚经络，保持头脑清醒，加强肠胃吸收，防止蛀牙和牙骨退化。

④ 津常咽，口微微合上，将舌头伸出牙齿外，由上面开始，向左慢慢转动，一共12圈，然后将口水吞下去。之后再由上面开始，反方向做12圈。唾液含有大量酵素，能调和荷尔蒙分泌，因此可以强健肠胃。

⑤ 耳常鼓，手掌掩双耳，用力向内压，放手，应该有"噗"的一声，重复做10下；

双手掩耳,将耳朵反折,双手食指扣住中指,以食指用力弹后脑风池穴10下。每天临睡前后做,可以增强记忆和听觉。

⑥腰常摆,身体和双手有韵律地摆动。当身体扭向左时,右手在前,左手在后,在前的右手轻轻拍打小腹,在后的左手轻轻拍打"命门"穴位,反方向重复。最少做50下,做够100下更好。可以强化肠胃、固肾气,防止消化不良、胃痛、腰痛。

⑦腹常揉,搓手36下,手暖后两手交叉,围绕肚脐顺时针方向揉。揉的范围由小到大,做36下。可以帮助消化、吸收,消除腹部鼓胀。

⑧肛常提,吸气时,将肛门的肌肉收紧。闭气,维持数秒,直至不能忍受,然后呼气放松。无论何时都可以练习。最好是每天早晚各做20～30次。

⑨膝常扭,双脚并排,膝部紧贴,人微微下蹲,双手按膝,向左右扭动,各做20下。可以强化膝关节,所谓"人老腿先老、肾亏膝先软",要延年益寿,应由双腿做起。

⑩脚常搓,右手擦左脚,左手擦右脚。由脚跟向上至脚趾,再向下擦回脚跟为一下,共做36下;两手大拇指轮流擦脚心涌泉穴,共做100下。脚底集中了全身器官的反射区,经常搓脚可以强化各器官,冶失眠,降血压,消除头痛。

六、苏东坡

"唐宋八大家"之一的苏东坡提出四条养生"秘方"。

一曰无事以当贵。这就告诉我们在心情上要潇洒大度,随遇而安,不要过分在意荣辱得失。往往考虑越多失去的也越多,尽量要保持一颗平常心。这对于老年人来说有利于健康长寿,对于年轻人来说有利于心理健康,提高自己抗挫折能力。

二曰早寝以当富。对于不同年龄段的人来说,养成良好的起居习惯是同等重要的,尤其是早睡早起,比获得任何财富更加宝贵。

三曰安步以当车。这一条告诉我们不要过于讲求安逸,能走路就不要坐车,能走楼梯就不要乘电梯,生命在于运动。

四曰晚食以当肉。苏东坡认为"人应已饥方食未饱"。饥饿了以后再进食,即便是粗茶淡饭。其香甜可口会胜过山珍海味:吃饭时不要吃得太饱,如果吃饱了还勉强进食,即使美味佳肴放在眼前也难以下咽。

苏东坡的养生之道实际上是强调了情志、睡眠、运动、饮食四个方面对养生长寿的重要性。这种观点即使在今天仍然值得借鉴。

七、乾隆

乾隆是历代帝王中的"长寿冠军"，享年89岁，他的长寿原因是多方面的。几十年间，他坚持黎明即起，做呼吸吐纳的气功锻炼，坚持早晚"叩齿三十六"，时时鸣天鼓，因而年逾八旬仍耳聪目明。他根据古代中医的理论，为自己制订了养生十六字诀："吐纳脏腑，活动筋骨，十常四勿，适时进补。"经常做叩齿、咽津、弹耳、揉鼻、运睛、搓脸、摩足、摩腹、提肛等保健功法，平时吃饭时就专心吃饭，睡觉时就专心睡觉。虽然喝酒，但绝不过量。他还善于根据身体的需要，按照季节气候的变化，选用一些有针对性的滋补品。这些看似细小的事，都使他的精力得以保存而保持身体健康。

乾隆多才多艺，太平盛世，使他有更多的时间去吟风诵月。他琴棋书画样样在行，既是中国历史上的高产诗人，又是一个书画鉴赏家，清宫内廷所收集的名人字画上大多盖上"乾隆御览之宝"的大印。这不但是他的一大爱好，也是他养生的一种方法，在舞文弄墨之际，他的全副身心都融入其中，使他那本不甚多的烦恼更是无影无踪了。心情愉快，所以能长寿。

乾隆喜欢旅游，民间到处都流传着他七下江南的故事。事实上他曾六下江南，五幸五台山，三登泰山。其中丁丑年那一次下江南，他正月动身，一路游玩，直到九月才回到北京。在北京，更无他没游过的地方，他还评点出"燕京八景"，也就是"太液秋波""卢沟晓月""琼岛春荫""西山晴雪"等。久居深宫的皇帝有机会到大自然中，到民间去走一走，感受一下新鲜的空气，体会另一种生活，不为公务所累，得到休息，这对他的心情和健康无疑是大有好处的。在旅行中锻炼，这也是乾隆的另一养生法吧。

乾隆在外长久旅游，享尽人生欢乐，有他的特殊性，因为他是皇帝，一般人是无法比拟的。但旅游可以强健身体，已为人所共知，这确是一条很好的养生之道。

乾隆晚年，曾接见过英国使者马嘎尔尼。后者描述乾隆说："观其风神，年虽八十三岁，望之如六十许人，精神矍铄，可以凌驾少年。"由此可见其身体健康。

八、董必武

董必武热爱健身，曾提出十二个字："吃饭不饱，走路不跑，遇事不恼"，是对养生提炼的口诀。董必武一生鞠躬尽瘁,全心全意为人民服务。董必武从来不抽烟、不喝酒,饮食简单且有规律。

九、张学良

张学良对于健身,曾经提出四字经:

心胸坦荡,意志坚强。

经常运动,锻炼身体。

起居有时,饮食节制。

养花读书,修养心性。

广交朋友,心系八方。

可以看出,张学良用40个汉字概括了自己对健身的理解、感悟,对于后人有着重要的参考价值。

十、邓小平

一代伟人邓小平,以其传奇式的人生经历,强健的体魄,谱写了一曲中华领袖一生的坷坎战歌。

他有以下几种健身方法:

第一种,自然环境与身心结合健身法。邓小平同志曾说:"我是用游泳锻炼身体,用桥牌训练脑筋。"脑是心理功能的器官,人体衰老,脑细胞的萎缩是一个重要的方面。他以桥牌运动锻炼大脑的思维,调剂紧张的脑神经细胞,以积极性的休息方式,使大脑得以放松。

第二种,思维与肢体运动结合健身法。为提高人体反应能力,邓小平同志以桥牌锻炼其思维,加强脑细胞的功能;以步行锻炼其腿力,加强下肢的运动功能。邓小平同志回家后的庭院散步,每天约10 000步。

第三种,小负荷体力活动健身法。邓小平同志一贯勤于劳作,年轻时,是赴法勤工俭学的"油印博士"。20世纪60年代在江西工厂劳动,他要"干一点出力气的活",重操50年前干过的钳工活。年轻时的体力劳动与老年后的适量家务体力活动,始终是邓小平同志一生所坚持的有益健身法①。

十一、罗斯福

罗斯福(1882—1945),少年时期的家位于纽约市郊海德公园的哈得迅河畔。这里有田野、森林、丘陵、河流……是孩子们的乐园。罗斯福常和小伙伴们在田野、森林里游玩,夏天在河里划船、游泳、钓鱼,冬天在河里坐冰船,尤其爱好游泳。

罗斯福十四岁进入格罗顿学校。这个学校非常重视体育,对一个人的评价,关键是体育本领而不是学习成绩。他擅长网球和高尔夫球,并不为人们看得起,因为吃香的是美式足球、棒球、赛艇之类的项目,而他身材太苗条了,深感遗憾。

罗斯福在格罗顿学校期间,为了适应这新的环境和证明自己的爱校精神,春夏常常参加游泳,也参加划船、垒球、足球、曲棍球、高尔夫球,冬季则参加滑雪、坐雪橇滑坡等。

1900年9月,罗斯福进了美国有名的哈佛大学。他想在运动场上大干一番,却无法出人头地,于是当上了《校旗报》编辑、主编等职务,把精力投向社交方面,但也不忘游泳。

1921年夏天,三十九岁的罗斯福在坎波贝洛休假期间,不幸患了脊髓灰质炎症。

疾病使罗斯福瘫痪,他一面治疗,一面加强体育锻炼,通过体育运动恢复他肌肉的功能,这样治疗的效果很明显。罗斯福非常自信地说:"我不相信这个娃娃病能够整倒我一个堂堂男子汉,我要战胜它……"病情稍有好转,他便在病床上活动手脚,和儿子角力,做游戏。他每天借助挂在病床边的机械进行各种力量练习练肌肉活动功能,然后下床拄着拐杖练习走路,每天增加几步。1922年他回百老汇的信托公司去上班时,因拐杖失去控制,摔了个仰面朝天,爬起来继续前进,这种坚韧不拔的毅力,得到了周围人们的赞叹。

一位叫洛维特的医生建议,用游泳来治疗他的疾病。罗斯福按照大夫的意见,试一试。他第一次下水时,四肢感到舒服,十分兴奋,因此天天进行游泳治疗。后来,同事介绍他到亚特兰大附近的温泉治疗。他来到这里,不用撑木,也能在水中站立,慢慢地走动。1925年夏天,他丢去拐杖,开始慢走。当时的报刊用显眼

① 宋狄雷.论邓小平的科学健身思想——纪念邓小平同志逝世10周年[J].吉林体育学院学报,2007(2):6-7.

的大字标题"游回健康"来报道他战胜疾病的事迹。

游泳治好了罗斯福的疾病,他深感游泳的好处,他想让更多的患者来这里治疗,便把温泉买了下来,创建新的游泳池,发展治疗条件,并建立宿舍、餐厅,提供方便,接受全国各地的病人来这里治疗。他还充当"医生",现身说法,指导病人治疗和身体锻炼,深得患者和社会的好评。

罗斯福任总统后,仍然坚持游泳,还在炎热的夏天打高尔夫球,一天能够活动45分钟。他还喜欢跳过一排排的椅子。运动使他身材仍然丰颀英俊,容貌不减当年。耶鲁大学著名教练沃尔特·坎普说,罗斯福体形优美,像一个运动员那样肌肉发达。显然,这是跟总统先生的酷爱游泳分不开的。

十二、施瓦辛格

阿诺德·施瓦辛格,1947年生于奥地利,是美国好莱坞男演员、健美运动员,拥有美国和奥地利双重国籍。1963年,在奥地利的格拉茨,16岁的施瓦辛格第一次参加了全国健美比赛。1966年,在德国举行的欧洲健美锦标赛上,19岁的施瓦辛格获得了"欧洲先生"称号。20岁那年,施瓦辛格获得了"环球先生"称号。1969年,他第一次参加"奥林匹亚先生"大赛,1970年,战胜古巴选手奥利伐,夺得奥林匹亚先生称号。此后,在1971、1972、1973、1974、1975和1980年登上"奥林匹亚先生"宝座。1983年,加入美国籍的他参加国际健美比赛,他第一次获得了"健美先生"称号。1989年,他创办了"阿诺德古典赛"。鉴于他对健美运动的贡献,他多次受到国际健美联合会的表彰。2011年3月1日,美国媒体集团宣布施瓦辛格出任集团旗下两份杂志《屈伸》和《健美与健康》主编,每月为杂志纸质版和网络版专栏撰稿。2003年当选美国加州州长前,施瓦辛格担任过这两份杂志的主编。2011年1月3日卸任,任期达7年。卸任后的施瓦辛格重返大银幕,继续接拍电影。

施瓦辛格在演艺界出名,得益于他在体育上取得的成就。直到现在,他扮演的角色多是威猛的勇士,靠着坚强的毅力和强健的体魄战胜一切困难,最终获得胜利。在演艺界成名之前,施瓦辛格持之以恒地进行着刻苦的训练,得到的则是一个接一个的健美比赛头衔:欧洲先生、环球先生、世界先生、奥林匹亚先生、健美先生等。

十三、居里夫人

玛丽亚·斯克沃多夫斯卡-居里(1867—1934),通常称为玛丽·居里或居里夫人,一生两度获诺贝尔奖。居里夫人在丈夫去世后,工作更加繁忙了,但她充分认识到,为了科学事业,得始终坚持锻炼。她选择了散步作为运动。她认为,科学的基础是健康的身体。

十四、爱因斯坦

阿尔伯特·爱因斯坦(1879—1955),1921年获得诺贝尔物理学奖。他惜时如金,但他竟舍得每天抽出时间从事文体活动。这里有他一段美谈:他去比利时访问时,国王和王后准备隆重地欢迎这位杰出的科学家。火车站上张灯结彩,官员们身着礼服在车站迎接。火车到站后鼓乐齐鸣。可是,旅客都走光了,也不见爱因斯坦的影子。原来,他提着皮箱,拿着小提琴,从前一个小站下车,一路步行到王宫。王后问他为什么不乘火车到终点站,而偏偏徒步受累呢?他笑着答:"王后,请不要见怪。我生平喜欢步行,运动常给我无穷的乐趣。"

十五、罗纳尔多

克里斯蒂亚诺·罗纳尔多,简称C罗,1985年生于葡萄牙,职业足球运动员。他自小热爱足球。他曾经说:"街上踢球的孩子都比我更大,我只能晃过他们才能继续前进,当然他们经常把我推倒或是铲翻,这是一种精神上的挑衅,你不能服软,必须站起来,然后用足球击败他。"

第二节　中外体育锻炼名言

名言一般指名人说的话。很多名人对体育锻炼发表了自己的切身感悟。这些话不仅仅是其体育锻炼历程的高度概括,更是对体育锻炼价值的肯定。名言另一层含义是指很出名的说法,最初由谁所说已不可考,但其内容有一定的道理。

一、国内名言

(一)养生之道,常欲小劳,但莫大疲,及强所不能耳

此语出自唐代的孙思邈。这句话告诉我们:对于养生而言,要量力而行进行活动筋骨,不可采取透支身体的大运动量,那将是身体不能承受的。简单来说,就

是经常活动筋骨,但是不能劳累,否则就得不偿失,不符合养生之道。

(二)不积跬步,无以至千里;不积小流,无以成江海

此语出自荀子。这句话告诉我们:千里之路,是靠一步一步地走出来的,没有小步的积累,是不可能走完千里之途的。引申开来,就是做事要脚踏实地,一步一个脚印,不畏艰难,不怕曲折,坚忍不拔地干下去,才能最终达到目的。

(三)活动有方,五脏自和

此语出自范仲淹。这句话告诉我们:通过科学合理的体育锻炼,可以使人的脏器中正平和,身体健康。从这句话中我们认识到,掌握科学的体育锻炼方法是提高锻炼效果的前提。

(四)动静相济,劳逸适度

此语出自华佗。这句话告诉我们:运动锻炼和休息要结合,要保持相对的一种平衡。生态平衡了,就会风调雨顺;营养平衡了,身体健康就能得到保障;而劳逸的平衡,使人精力充沛。燃烧人生并不是一味地透支,即使是再强壮的身体也有疲劳的时候,劳逸结合是一种生存的策略。

(五)人的健全,不但靠饮食,尤靠运动

此语出自蔡元培。这句话告诉我们,一个人的健康成长,其饮食的保障只是一个方面,而养成合理、科学的运动是非常重要的,因此要加强相关的运动锻炼。当下,一些人为了获取所谓的身体健康,在饮食中尤其是一些保健品上下足了财力和精力,却事与愿违。

(六)运动是健康的源泉,也是长寿的秘诀

这是北京体育大学马约翰教授提炼的观点。在他看来,一个人要获取健康,运动是最为有效的途径,也是最为基础的保障。长寿亦然。马约翰自己坚持体育锻炼,身体非常健康,年逾八十,鹤发童颜,仍生机勃勃地工作,被誉为"提倡体育运动的活榜样"。

(七)健康不是一切,但没有健康就没有一切

此语是中国科学院、中国工程院资深院士吴阶平所说。吴老每天5点半就起

床,从不恋床,午间小憩,晚上10点必就寝,生活极有规律,保持"生物钟"的正常运行。他不仅生活、工作极有节律,而且饮食方面特别注重三餐定量,荤素搭配,从不挑食。年轻时,兴趣广泛,文艺、体育样样能来。年事渐高,不能再打网球、羽毛球时,吴老的兴趣则转到了每晚的电视体育节目。他说:"体育节目竞争性强,看看可以使人精神振奋。"

（八）人生能有几回搏,此时不搏,更待何时

此语是中国乒乓球第一个世界冠军容国团所说。在艰苦的时代,容国团坚持训练,用自己的行动践行了体育的拼搏精神,为国人在世界的大舞台上赢得了尊严。他的经历勉励许多运动员,让国人为之激动和加以效仿。

（九）不靠医,不靠药,天天锻炼最见效

这句话告诉我们:身体健康,靠医生或靠药都是一时之举,而能够坚持日日锻炼才能持久。

（十）运动好比灵芝草,何必苦把仙方找

灵芝被视为中药材中非常珍贵的品种之一。中药治病讲究配方,医术的高明就在于如何对症下药。面对健康,也需要有良方,而这个良方就在我们的身边:坚持锻炼。

（十一）早起活活腰,一天精神好

这句话告诉我们:不要睡懒觉,要早一点起床并加以运动。

（十二）饭后百步走,活到九十九

字面来看,"饭后百步走"是一种概数式表达,并非是走到100步。有学者提出,饭后不宜马上进行锻炼。但是,这句话给我们积极启示:体育锻炼对身体健康有重要的促进作用。

（十三）人怕不动,脑怕不用

分别从身体健康和大脑使用两个维度加以阐述的。我们可以读取这样的讯息:人在成长的过程中不能缺少运动。通过运动可以让我们的肌肉更加有力量,通过运动可以让我们的骨骼更加健壮,通过运动可以让我们的身体器官功能更

强大。

（十四）夏游泳，冬长跑，一年四季广播操

这句话中有三种是我们比较熟悉的运动项目，即游泳、长跑和广播操。这三类项目各有特点，其锻炼功能各异。在这句话中，我们得到的启示就是：在不同的季节选择不同的运动项目进行身体锻炼。

（十五）跳绳踢毽，病少一半

这是对跳绳和踢毽子两项运动功能的解读。跳绳在中国具有悠久的历史。南宋以来，每逢佳节都跳绳，称为"跳白索"，原属于庭院游戏类，后发展成民间竞技运动。跳绳能有效训练个人的反应和耐力，有助于保持个人体态美与协调性，从而达到强身健体的目的。

（十六）墙靠基础坚，身强靠锻炼

这句话告诉我们：一面墙能否经得起风吹雨打，其坚实的根基非常重要。而人的健康发展，同样需要一个坚实的基础。如何才能打牢这一基础呢？身体锻炼就显得非常重要了。

（十七）水停百日生毒，人歇百日生病

这句话告诉我们：水停止不前，停留数日，会滋生病菌。同样，人在发展的过程中，如果长期不进行必要的体育锻炼，那么久而久之就会打乱身体发展平衡，容易生病。

（十八）人失去健康，就像鹰失去翅膀，不能飞翔

这句话告诉我们：空中自由飞翔的鸟，是无数人曾经羡慕的对象。但是，人不能像鸟一样在空中自由地飞翔。现实中拥有一个健康的身体，就像鸟儿一样享有自由。

（十九）年华不虚度，健康须关注

这句话告诉我们：生老病死是一种自然规律，但是如何延迟离世的时间，是有方法可寻的。方法之一，就是拥有一副健康的身体。因此，关注自己的健康，就是在关注自己的生命。

（二十）体弱病欺人，体健人欺病

这句话告诉我们："病来如山倒，病去如抽丝。"人们在与各种疾病的抗争中，体育锻炼发挥了不可磨灭的作用。

（二十一）遇病吃药，一时之效；锻炼身体，长久之道

这句话告诉我们："遇病吃药"，仅是对出现病症起到遏制作用，要想长期不出现疾病，可以通过身体锻炼。

（二十二）运动是生命的滋润剂，健身是青春的美容师

这一句中"运动是生命的滋润剂"强调的是运动促进我们健康，"健身是青春的美容师"是从美学视角加以提出的。无论是生命的滋润剂，还是青春的美容师，都是在强调运动锻炼的重要意义。正如：腿懒、手懒、脑懒，是衰老的催化剂；腿勤、手勤、脑勤，是长寿的发动机。

（二十三）岁月催人老，运动抗衰老

这句话告诉我们：岁月是把无情刀，只有调整自身健康状态才能有效地抗衰老。每个人都要面对衰老，无论你是否情愿，为了自己及家人，加入体育锻炼的队伍之中吧。

（二十四）运动健身生命之宝，贪图安逸加速衰老

这句话告诉我们：安逸的生活让人们有种幸福感，但是过于安逸会给人带来懒惰，时间一长就会影响身体健康。因此，就有了"运动健身生命之宝"的说法。年轻人更应该注重自己的身体锻炼，在学校期间学习相关体育锻炼知识和掌握相关技能，从而为终身体育打下坚实的基础。

（二十五）练足精气神，不进医院门

这句话告诉我们：一个人的健康状况可以通过其精神面貌加以窥视。实践证明，通过一定的体育锻炼，可以强化自己的精、气、神。

（二十六）健身留住青春心，运动带来全家福

这句话告诉我们：青春是人一生中精力旺盛的阶段，但是一些人往往在这一时期不注重健身,随着年龄的增长身体出现了这样或那样的问题,不仅影响了自己的生活质量,还影响了家人。

(二十七)多买健康少买药,多去运动少去医院

这句话告诉我们:健康对于每一个人来说都是公平的,对锻炼身体付出的越多,得到的就越多。因此,要多运动,通过运动让自己更加强壮起来,远离医院。

(二十八)一日一练功,十日不练一场空

这句话告诉我们:体育锻炼要有持之以恒的毅力,通过自己的不懈坚持,才能获得更好的身体。如果是根据自己的心情走,高兴就锻炼,不高兴就放弃,那最终将注定失败。正所谓:"冰冻三尺非一日之寒,强身健体非一日之功。"

(二十九)运动劲出来,歇着病出来

这句话告诉我们:通过运动锻炼可以让身体素质得到有效提高,不进行必要的运动锻炼,久而久之,身体会出现一些毛病。养成一个习惯需要21天,因此在运动锻炼上要强化自己的意识,充分认识到运动锻炼的重要性。也有人说:冬天动一动,少闹一场病;冬天懒一懒,多喝药一碗。这也是对运动重要性的阐述。

(三十)练出一身汗,小病不用看

这句话告诉我们:体育锻炼的健身作用不可小视。当我们进行相关体育运动项目的锻炼时,身体会发生变化,出汗就是一项非常明显的直观判断。锻炼不出汗,目的难实现;练出一身汗,小病不用看。但是,要提醒一点:不是汗出得越多越好。

(三十一)天天练长跑,年老变年少

耐久跑是人体在氧气供应充足情况下长时间跑步的能力。练习耐久跑能使心脏收缩力加强,提高心脏供血能力,促进心脏、肺、血液循环系统的发展,提高有氧代谢能力,还有助于降低血液中胆固醇含量。因此,健身长跑是走向终身体育的较好方法。

(三十二)卫生是妙药,锻炼是金丹

这句话告诉我们:讲究卫生、保持锻炼对于身体健康很重要。

（三十三）健康犹如井中水，井枯方知水可贵

"井中水"是人们日常取水的源泉，然而一旦干枯，人们才恍然大悟，水是如此宝贵。健康也如此，当得知自己身体出现问题后才意识到平时要注重自己的健康，可是这时已经晚了。

（三十四）每日疾走万步路，雄姿英发敢打虎

疾走是一种速度较快的步行。疾走时要集中精神，挥动手臂大步走，拉动周身肌肉，让脂肪燃烧起来。运用最大的步幅，落脚时用力以脚跟着地，起脚时用力以脚尖离地。控制好呼吸，行走速度控制在能边走边谈话即可。

（三十五）平日常练健身功，老了活得也轻松

轻松是一种没有负担、不用紧张的生活状态。人到了老年时期，其心态和行为都会发生相应的退化，所以很多人惧怕自己老去。但是，也有很多人没有这种紧张感，因为他们所养成的体育锻炼习惯让他们拥有良好的身体。

（三十六）打拳做操常踢腿，强身壮体健脾胃

人从出生之后不断成长，需要大量的能量，而这些能量要通过饮食、由脾胃工作才能转化而来。人们通过坚持打拳、做操、踢腿等可以有效提高身体脾胃的功能。

（三十七）锻炼不刻苦，纸上画老虎

要想获得强健的体魄，身体锻炼是一种非常有效的途径，但是需要能够吃得起期间的辛苦。纸老虎看着威武，始终还是假的。

（三十八）健身就如马拉松，持之以恒在其中

通过体育锻炼达到健身的目的，其实是需要一定的时间加以保障，更需要在锻炼的过程中持之以恒。马拉松赛是一项长跑比赛项目。能够坚持跑完马拉松的人都非等闲之辈，都是经历了不同程度的磨炼。

（三十九）养花就怕不浇水，锻炼就怕不久长

这句话告诉我们：体育锻炼如同养花一样，在其成长的过程中要有持之以恒

的心。养花需要精心呵护,体育锻炼也是如此,需要不断坚持。

(四十)车靠加油增动力,人靠运动添活力

这句话告诉我们:车能否开动,油起到了关键性作用;对于人而言,有无活力,运动锻炼的作用不可忽视。

(四十一)一口吃不成胖子,一日练不成健将

这句话告诉我们:一口吃成胖子和一日练成健将的思维是一种急功近利的错误思维。锻炼身体需要参与者有耐心、有毅力、有恒心。

(四十二)增加点健身运动,减少点医药费用

这句话告诉我们:健身运动的好处在于通过健身提高人的疾病免疫力,从而在经济上减少不必要的压力。所以,我们需要多多地参加体育锻炼。

(四十三)练就一身功,老来立大功

这句话告诉我们:在年轻时期要积极地投身于体育锻炼,要积极参加各种体育运动。这样,在我们老的时候,由于自身前期所打下的好底子而少生病。

(四十四)钢刀越磨越锋利,人越锻炼身越健

这句话告诉我们,人的健身就如一把钢刀,不经常磨一磨,其锋利程度就会减弱。因此,要坚持参加体育锻炼。

(四十五)生活需要常更新,生命需要常健身

这句话告诉我们,保持健身,可以促进身体新陈代谢,要有美好生活。

(四十六)持久锻炼功效广,几日不练前功荒

这句话告诉我们:体育锻炼需要坚持,不坚持就达不到预期的效果!

(四十七)腿脚常运动,体健不生病

这句话告诉我们:身体健康可以通过勤加锻炼而获得。

(四十八)天天动一动,疾病不敢碰

这句话告诉我们:通过坚持不懈的体育锻炼,可以提高自身身体的免疫力,降

低疾病的发生率。

（四十九）运动方法无数条，因时因地因人挑

这句话告诉我们：体育锻炼的方法有很多种，但要坚持因时因地因人的基本原则。也就是说，体育锻炼行为的开始必须要根据锻炼的时间、场所以及自身的实际情况而定。

（五十）锻炼从今始，何必待明朝

这句话告诉我们：体育锻炼，不能今天想起来热血沸腾，明天却抛到九霄云外。有些人经常会说这样一句话：明天再说！正是这句话让很多人留在体育锻炼大门之外。

（五十一）锻炼适可而止，运动量力而行

这句话告诉我们：体育运动要遵循运动规律，要学会控制运动量。一些人看见其他人从事某项运动后也试图尝试，但是忘记了自己的身体条件并不适合。

（五十二）运动适量，血脉通畅

这句话告诉我们：运动只有在合适的运动量下才能获得有效的锻炼效果，才能够促进身体血脉通畅。而对于这个合适运动量的把握要根据自身的实际情况而定。

（五十三）锻炼有序，健康有缘

这句话告诉我们：在体育锻炼的参与过程中一定要注意循序渐进的原则，这样我们才有机会获得真正的健康。否则，激进的方式进行体育锻炼将事倍功半。

（五十四）有静有动，无病无痛

这句话告诉我们：适当的运动和休闲才能真正促进人健康成长。

（五十五）健身犹如登高山，循序渐进向上攀

这句话告诉我们：体育锻炼要循序渐进，不能拔苗助长。

（五十六）运动不负有心人，坚持时日必奏效

这句话告诉我们：健身过程中需要锻炼者做个有心人，这个有心人还要有自信心,锻炼的效果会随着坚持而越来越明显。

（五十七）养生之道,各有一套

这句话告诉我们:养生,要因人施法。例如,甲需要形体养护,乙需要调理饮食,丙则需要关注精神等,如果对甲、乙、丙不分青红皂白,一律要求他们加强形体锻炼,或一律改变某种饮食结构,或一律静坐练习气功,就不符合个人的养生需要了。

（五十八）养身在动,动过则损;养心在静,静过则废

这句话告诉我们:健身锻炼要讲究适度,不能急于求成。一动一静,都是促进人身体健康的有效锻炼方法,各有重点。

（五十九）健康是1,金钱、地位等不过是它后面的0,享有健康,至少还有1,失去健康,什么都是0

这句话充分说明健康对于一个人的重要性。在没有健康的前提下,金钱和地位等都形同虚设,毫无意义。因此,我们要努力拥有健康。

（六十）运动代替药物,但所有的药物都不能代替运动

这句话告诉我们:运动对健身有作用。药物虽然有治病的功能,但不能代替运动。

二、国外名言警句

（一）生命在于运动

法国思想家伏尔泰提出了"生命在于运动"的格言。他喜欢散步、跑步、击剑、骑马、游泳、爬山、日光浴等运动。这句话告诉我们:运动促进生命的持续。可以说,没有了运动,人就活不下去。生命是有限的,运动有助于保持健康的生命。

（二）健康是聪明的条件,是愉快的秘诀

这是美国思想家、诗人爱默生提出的观点,从智商和情感两个维度对健康的作用进行了高度的概括。这句话告诉我们:人的聪明和愉快不能离开健康。

（三）理想的人是品德、健康、才能三位一体的人

这是苏联作家高尔基提出的观点,将健康与品德、才能并列。这句话告诉我们:人的发展过程中,品德、健康和才能同时具备才是最为理想的。

（四）只有运动才可以除去各种各样的疑虑

这是德国作家歌德提出的观点。这句话告诉我们:在疑虑的消除手段中,运动锻炼的效果是显而易见的。

（五）唯有适度可以产生、增进、保持体力和健康

这是亚里士多德提出的观点。这句话告诉我们:运动太多和太少,同样损伤体力;饮食过多与过少,同样损害健康。唯有适度,可以产生、增进、保持体力和健康。

（六）运动是一切生命的源泉

这是达·芬奇提出的观点。这句话告诉我们:生命之源不能缺失运动,运动给生命带来了无限的生机。

（七）生活多美好啊,体育锻炼乐趣无穷

这是普希金提出的观点,这句话告诉我们:与美好的生活一样,体育锻炼可以让参与者在参与的过程中感受乐趣。

（八）静止便是死亡

这是泰戈尔提出的观点,从反面强调运动的重要性。这句话告诉我们:长期不进行必要的身体锻炼,一些身体技能就会降低,从而影响身体健康。

（九）人生的本质就在于运动,安谧宁静就是死亡

这是法国数学家、物理学家、哲学家、散文家帕斯卡提出的观点。这句话告诉我们:通过不断地身体锻炼可以人的体质,相反就会减弱。

（十）身体的健康因静止不动而破坏,因运动练习而长期保持

这是苏格拉底提出的观点。这句话告诉我们:运动是身体健康得以实现的重要途径与手段。

附　录

体育锻炼中突发疾病的应急处置

1. 昏迷

导致昏迷的诱因很多,颅内血管病、脑组织病变、感染、严重外伤、中毒、中暑、癫痫、肝病、糖尿病等均可引起。

浅昏迷:意识大部分丧失,无自主运动,对声、光刺激无反应,对疼痛刺激可有痛苦表情及防御反应,生理反射存在,生命体征多无异常改变。

中度昏迷:对各种刺激均无反应,对强烈刺激和疼痛刺激可有防御反应,生理反射减弱,可出现病理反射及生命体征的异常改变。

深昏迷:意识完全丧失,全身肌肉松弛,对各种强度的刺激均无任何反应,生理反射消失,生命体征发生明显的异常改变,常常仅维持呼吸与循环功能。

救护方法:速使病人安静平卧,下颌抬高以使呼吸通畅;松解腰带、领扣,随时清除口咽中的分泌物;呼吸暂停者立即给氧或口对口人工呼吸;尽快呼叫急救站或送医院抢治。

2. 运动腹痛

运动腹痛是由于运动引起或诱发的一种症状,多发生在运动过程中或结束时,严重时常使运动者被迫停止运动。其运动性腹痛的原因有6个方面:

(1)缺乏锻炼或运动水平低;

(2)准备活动不充分;

(3)身体情况不佳、劳累、精神紧张;

(4)运动时呼吸节奏不好,速度突然过快;

(5)运动前食量过多或饥饿状态下参加运动;

(6)患有某种疾病如慢性阑尾炎。

正确的处理方法:适当减慢速度,加深呼吸与调整动作节奏;用手按压疼痛部位且弯腰跑一段距离,一般疼痛会消失;如仍然疼痛,应停止运动,用手掐足三里、内关、三阴交、虎口等穴位;如上述措施不能奏效,应去就医。预防上要做好准备活动,合理膳食,激烈运动前不要吃得太饱,不要大量饮水,特别是冷饮,也不要在饥饿状态下运动。

3. 肌肉痉挛

肌肉痉挛俗称肌肉抽筋,是运动中非常常见的,其中又以游泳、打球时最为常见。抽筋常见部位:大腿前后及小腿肌肉。

原因:寒冷刺激,游泳时水温较低,容易引起腿抽筋;肌肉连续收缩过快,如快速跑;出汗过多;疲劳过度;缺钙;准备活动不充分。

处理:抽筋发生时不要慌乱,正确的做法是缓慢地向相反的方向牵引痉挛的肌肉,牵引时切忌用力过猛;大腿后肌肉群抽筋时,伤者可平卧在地上,由另一人将抽筋的腿慢慢抬高;若是大腿前的肌肉抽筋,则让伤者俯卧,然后曲起膝盖;小腿后部抽筋时,应伸直膝关节,同时用力拉长痉挛的肌肉。双手可使劲按摩小腿肚子,也可减轻痉挛;脚底肌肉痉挛也可采用类似小腿抽筋的处理办法,同时按摩、揉捏痉挛部位;如腿抽筋的情况多次频繁发生,则应就医治疗。

预防:锻炼时要充分做好准备活动;冬季室外锻炼是要注意保暖,不让局部肌肉受寒。夏季锻炼是要适当补充淡盐水及维生素;注意补充钙和维生素D。

4. 运动中暑

在烈日下进行剧烈活动,人体无法通过排汗散热,又不能及时补充流失的水分和养分,就有可能中暑。因此,大热天最好不要在10点至16点在烈日下行走,因为这个时间段的阳光最强烈,发生中暑的可能性是平时的10倍;着浅色运动服,衣服尽量选用棉、麻、丝类的织物,应少穿化纤品类服装,以免大量出汗时不能及时散热,引起中暑;保证充足的睡眠;在运动前应预先补水,一般在运动前30分钟,预先补水300~600毫升;运动中大量出汗后,应适量增加氯化钠的摄入,可以通过含盐饮料、菜汤含盐食品补充。一旦发生中暑,应立即将中暑者转移到阴凉处,并口服凉盐水、含盐饮料,也可口服十滴水或藿香正气水,用4℃~11℃凉水、酒、酒精擦身,或在头部、腋窝、腹股沟放置冰袋用以降温,对急重的中暑者应保持呼吸道畅通,并及时送往医院抢救。

5. 运动性头疼

运动性头痛是由于运动负荷过大、运动强度增加过快,身体机能紊乱而引发的一种症状。运动医学界认为,运动性头痛是心肌缺血的征兆。运动性头痛多发生在运动过程中,产生原因多是由于平时缺少锻炼,剧烈运动时由于胸内压力升高全身血压骤然升高引起颅内压过高,原发性疾病如患有高血压、慢性鼻窦炎、内耳疾病、贫血等。预防措施上要合理安排练习密度,对于个别体质弱的学生,要适当减轻运动负荷;认真做好准备活动。

6. 运动猝死

运动猝死是指参加运动者在运动中或运动后突然发生死亡。美国著名女子排球运动员海曼、中国国家队排球运动员朱刚、爱立信中国有限公司总裁杨迈都是运动猝死的典型案例。运动导致的死亡率极低,对于身体健康的人,并不构成威胁。只有潜在心脏病患者参加运动,运动才能成为猝死的诱因。有的人很久没有运动,某天心血来潮突然"暴动",最容易出现事故。像忌讳暴饮暴食一样,运动也忌讳"暴动"。长时间不参加运动后,第一次运动要注意控制适当的运动量和运动强度,运动量和强度不要过大。有时身体太累,还坚持平时的运动量,对身体有害无益。预防运动猝死应该掌握好运动强度的自测方法,控制好运动强度;对于运动中出现心脏区不适、上腹部疼痛、呼吸困难、面色苍白、大汗淋漓等症状时,要提高警惕,并要逐渐降低运动强度;在伤后、病后、发烧、急性感染期间有异常及恢复期,应避免参加剧烈运动,禁止带病参加运动。

7. 运动心慌

正常情况下,如果不是把手放在动脉上或心前区,心跳是没有感觉的。有些人运动时会自我感觉心脏跳动不已或者心脏搏动比平时有力,这种现象医学上称为"心悸",也就是平时所说的心慌。运动时心慌可采取以下措施:深呼吸并放松肌肉;用指腹轻轻地揉压喉结两侧凹陷处,心跳会反射性地减缓,减弱,心悸的症状会得到缓解;用手指轻缓地按压眼球。按压眼球有刺激副交感神经的作用,可使心跳减缓减弱,恢复正常。症状缓解后,要彻底查明原因,必要时进行治疗。

8. 运动性晕厥

运动性晕厥是指在运动中,由于大量血液分布于下肢等多种原因引起的一时性脑供血不足或脑血管痉挛所致的短暂意识丧失状态。运动性晕厥发病原因较多,多与身体健康水平较低、训练前饥饿、疲劳有关。因此不要在饥饿和疲劳时参加体育运动。

紧急处理办法：出现晕厥，应立即将晕厥者置于仰卧位，或抬高下肢，以增加脑血流量；松解紧身衣服，松开衣扣、腰带。头转向一侧，以免舌后坠堵塞气道；面部及颈部冷湿敷，如体温低加盖衣物。如呼吸停止，应做人工呼吸；在进行上述急救的同时，要尽快拨打急救电话，以免发生严重事故。

预防措施：平时要坚持锻炼身体，增强体质，提高心脏功能和血管运动机能水平；久蹲后要慢慢站起，当有晕厥的前驱征象时，应立即俯身低头，以免晕倒；避免在夏季高温、高湿度或无风天气条件下，进行长时间的训练和比赛。

9. 运动呼吸困难

运动中出现说话费力、严重的喘息、肢体乏力、浑身无力、头重脚轻、意识不清等，说明呼吸困难。出现呼吸苦难时不要紧张，也不要马上停止运动，最好的办法是逐渐降低运动强度，即便是再累也要继续向前跑几步或走几步，让血管调节恢复正常，同时注意加深呼吸，随着运动强度降低，需氧量下降，呼吸困难的症状多会自行缓解。如果上述办法不奏效，应寻找依附物体，逐渐降低重心，避免摔伤。如果不能缓解则应主动寻求帮助，以免严重事故出现。

10. 呼吸道异物梗塞

根据患者吸入异物大小及气管梗塞位置的不同，分为两种：部分梗塞，患者咳嗽急促、呼吸困难、呼吸时伴有气喘声；完全梗塞，患者不能说话，不能咳嗽，不能呼吸，面部充血，并逐渐发红，患者常会指着咽喉或抓住颈部，甚至意识消失。

急救方法：询问患者是否梗塞或检查患者症状以确认患者是否梗塞；鼓励患者用力咳嗽。拍背：将其上身俯身倾60°，俯卧于施救者的臂肘上，头部下垂，施救者用掌根用力拍其背部，借助重力，促使异物排出；该方法无效后，可施行腹部冲击法。站位急救法：救护者站在患者身后，用双臂围绕患者腰部，一手握拳，拳头的拇指侧顶在患者的上腹部(脐稍上方)；另一只手的手掌压在拳头上，有节奏地使劲向内、向上方挤压患者的上腹部。挤压动作要快速，压后随即放松。目的是使横膈膜抬起，压迫肺底，使肺内产生一股强大的气流从气管内冲出，以便将异物冲到口腔里，从而解除窒息。卧位急救法：如果已经昏迷而躺倒在地上，可放平，仰卧，自己分开两腿跪下，将病人夹在中间，按上法用双手推压病人肚脐与剑突之间，也可产生同样效果。在按压过程中应经常检查病人口腔，看异物是否已经排出，如已排出应及时拿掉，否则会被再次吸入气管内。

课外体育锻炼基础知识考点自测

01.人体神经肌肉系统紧张或收缩时对抗或克服阻力的能力是指（　　）

A.力量素质　　B.耐力素质　　C.速度素质　　D.灵敏素质

02.一般人安静时每分钟呼吸频率是（　　）

A.12～14　　B.16～18　　C.12～18　　D.9～16

03.肥胖是由于体内什么物质沉积过多而引起的（　　）

A.肌肉　　B.脂肪　　C.蛋白质　　D.糖分

04.人体运动中的功能物质包括糖、脂肪和（　　）

A.维生素　　B.微量元素　　C.水　　D.蛋白质

05.正常人体的骨骼有（　　）多少块

A.580　　B.605　　C.615　　D.650

06.运动过程中运动负荷常用的测定方法是（　　）

A.手测脉搏　　B.测肺活量　　C.测血糖　　D.测尿液

07.下列关于运动处方的表述哪个是不正确的（　　）

A.运动处方是有医生开出的指导锻炼的处方

B.用处方的形式规定适当的运动种类、时间及频率,并指出运动中的注意事项

C.运动处方需因人而异

D.运动处方需根据医学检查资料结合生活环境条件和运动爱好制定

08.对于运动中的肌肉酸痛下列处置方法不合适的是（　　）

A.热敷　　B.伸展练习　　C.增加运动负荷　　D.按摩

09.对于运动中肌肉痉挛下列处置方法不合适的是（　　）

A.对痉挛部位的肌肉做牵引

B.按摩、揉捏、叩打痉挛部位

C.点压委中、承山、涌泉穴等穴位

D.冷敷痉挛部位

10.对于运动中关节韧带损伤下列处理办法哪种不合适( )

A.在24小时内采用冷敷,必要时加压包扎

B.24小时以后采用理疗、热敷、按摩、针灸治疗

C.疼痛减轻后增加功能性练习

D.对急性腰部损伤要迅速按摩

11.下列消除运动性疲劳的方法哪种不合适( )

A.进一步加强运动　B.积极性休息　C.按摩　D.营养与药物

12.世界卫生组织认为健康包括身体健康、心理健康、道德健康和( )

A.社会适应良好　B.自我实现　C.信仰健康　D.言行健康

13.对学生来说,以健身为目的的耐力练习心跳、脉搏应该维持在( )多少为宜

A.120～140次/分钟　B.120～170次/分钟

C.130～160次/分钟　D.140～180次/分钟

14.下列哪种练习对增强呼吸系统摄取氧、心血管系统载荷及输送氧的能力,以及组织的有氧代谢利用氧的能力有显著的训练作用( )

A.耐力练习　B.力量练习　C.速度练习　D.协调性练习

15.运动中和运动后的饮水,应用以下列哪个为原则( )

A.少量多次　B.多量少次　C.少量少次　D.多量多次

16.运动中韧带扭伤的处理方法中下列哪种应先进行( )

A.用绷带加压包扎　B.揉搓或抖动　C.热敷　D.冷敷.

17.饭后立即运动,会使参与胃肠消化的血液又重新分配,流向肌肉和骨骼,从而影响食物的消化和吸收,还会因胃肠的震荡及牵扯而出现腹痛、恶心、呕吐等不良症状,一般认为饭后( )再进行运动较为适宜。

A.0.5小时　B.1小时　C.1.5小时　D.2小时

18.参加剧烈体育活动前为了避免受伤需要先做( )

A.放松运动　B.整理活动　C.拉伸运动　D.准备活动

19.下列哪种运动对于降低血脂效果更好( )

A.力量练习　B.有氧运动　C.柔韧性练习　D.平衡能力练习

20.与健康有密切关系的体适能是( )

A.健康体适能　B.技能体适能　C.有氧适能　D.肌适能

21.测定肌肉力量最容易和最方便的方法是( )

A.1RM测验　B.仰卧起坐　C.俯卧撑　D.卧推

22.以下哪项不是有氧代谢为主的运动( )

A.跆拳道　B.游泳　C.舞剑　D.滑雪

23.反映人体的代谢供能方式由有氧代谢为主开始向无氧代谢为主过渡的临界点称为( )

A.乳酸阈　B.最大摄氧　C.最大摄氧量百分率　D.最大摄氧量利用率

24.肌肉进行最大随意收缩时表现出来的克服极限负荷阻力的能力称作( )

A.最大肌力　B.快速肌力　C.爆发力　D.肌耐力

25.采用间歇训练法时,两次组练习中间歇时间的依据时,开始下一次练习时每分钟心律应降为( )

A.100次左右　B.120次左右　C.150次左右　D.160次左右

26.下列选项中,属于发展灵敏性的手段的是( )

A.俯卧撑　B.双摇跳绳　C.负重蹲起　D.立定跳远

27.排球运动员大力发球中的击球动作是一种( )

A.最大力量　B.力量耐力　C.快速力量　D.相对力量

28.发展灵敏素质主要采用( )

A.持续训练法　B.间歇训练法　C.变换训练法　D.重复训练法

29."体能"也叫体适能,是一种满足生活需要和有足够能量完成各种活动任务的能力,主要通过( )途径获得。

A.睡眠　B.体育锻炼　C.身体姿势　D.饮水

30.长跑的呼吸节奏,在正常跑速时,一般采用( )

A.一步一呼,二步一吸　B.二步一呼,二步一吸

C.二步一呼,三步一吸　D.三步一呼,四步一吸

31.长跑后不可马上坐下休息,必须做( )

A.整理运动　B.深呼吸运动　C.慢慢走动　D.以上皆是

32.皮肤外伤处理过程不需要( )一项。

A.清洗　B.消毒　C.冰敷　D.敷药包扎

33.造成运动伤害的原因很多,以下哪项是( )

A.运动时身体不佳　B.运动技术不正确

C.运动时过度紧张　D.以上皆是

34.有氧运动最好采用( )运动方式为佳。

A.高强度,长时间　B.高强度,短时间

C.低强度,长时间　D.低强度,短时间

35.下列( )项是理想的减肥方法。

A.运动　B.断食　C.吃减肥药　D.以上皆是

36.饮食中若摄入的能量大于所消耗的能量,则体重会( )

A.减少　B.增加　C.不变　D.不一定

37.下列属于无氧运动是( )一项。

A.短距离疾跑　B.慢跑　C.游泳　D.健身操

38.如果以健身为目的的锻炼,一般人的运动频率应以每周( )次以上为适宜。

A.2　B.3　C.4　D.5

39.改善亚健康状态的一种最有效,最廉价的手段是( )

A.心理咨询　B.健身运动　C.音乐治疗　D.社会交往

40.爆发力是( )

A.最短时间内发挥最大力量的能力　B.长时间克服小阻力的能力

C.最短时间内克服小阻力的能力　D.长时间克服大阻力的能力

41.运动结束时,应做些身体放松练习,这样可使人体更好地从紧张的运动状态慢慢过渡到( )

A.兴奋状态　B.抑制状态　C.活动状态　D.相对的安静状态

42.属于我国民族特色的传统体育项目是( )

A.跳水　B.乒乓球　C.羽毛球　D.武术

43.每年全民健身日是( )

A.6月8日　B.8月8日　C.10月8日　D.11月26日

44.第一个登陆美国篮球协会(NBA)的中国篮球运动员是( )

A.巴特尔　B.王治郅　C.姚明　D.刘玉栋

45.一天最好的运动时间是在( )

A.上午7:00—9:00　B.中午12:00—1:00

C.下午4:00—6:00　D.晚上7:00—9:00

46.肺活量是指一个人全力吸气后所呼出的( )

A.最小气量　B.最大气量　C.最高气量　D.一般气量

47.不属于闭合性软组织损伤的是( )

A.肌肉拉伤　B.挫伤　C.韧带拉伤　D.骨折

48.肌肉痉挛俗称抽筋,是肌肉不自主的( )

A.一般收缩　B.强直收缩　C.向心收缩　D.离心收缩

49.闭合性软组织损伤早期的处理顺序是( )

A.止血、包扎、固定、防肿　B.制动、止血、防肿、镇痛

C.制动、止血、防肿、理疗　D.止血、包、固定、按摩

50.对减肥锻炼要有一定的运动量,耐力锻炼每次时间应控制在多长时间以上,并和控制饮食相结合( )

A.30分钟　B.40分钟　C.45分钟　D.1小时

51.开放性软组织损伤包括( )

A.擦伤、撕裂伤、刺伤与切伤　B.切伤、扎伤、针刺伤

C.挫伤、肌肉拉伤、关节韧带损伤　D.挫伤、撕裂伤、肌肉拉伤与切伤

52.户外有氧运动时心率控制( )为最佳。

A.110～120次/分钟　B.120～140次/分钟

C.100～110次/分钟　D.130～150次/分钟

53.剧烈运动之后,我们应该如何进行整理活动,下面表述最合理的是( )

A.立即坐在地上休息　B.慢慢地走一走,抖动双腿

C.立即躺在地上休息　D.立即停止下来,站在原地休息

54.运动员运动时,踝关节扭伤后应( )

A.立即热敷按摩　B.立即冷敷按摩

C.立即冷敷,24小时后热敷　D.都可以

55.我国古代名医华佗发明的医疗保健操是( )

A.引导术　B.八段锦　C.五禽戏　D.太极拳

56.在水中游泳时,如果遇到身体抽筋应先( )

A.呼喊周围环境的人　B.自己想办法自救

C.不管它继续游泳　D.听天由命

57.背越式跳高的助跑是采用( )方式助跑。

A.直线　B.弧线　C.直线加弧线　D.弧线加直线

58.终点冲刺跑是临近终点的一段( )

A.耐久跑　B.途中跑　C.加速跑　D.快速跑

59.造成运动中"极点"的原因是多方面的,其直接因素是( )

A.运动前准备活动不充分

B.运动情绪过于低下

C.大脑氧债不断积累,并达到一定程度时

D.空腹或带病进行剧烈运动

60.决定跑速的主要因素是( )

A.速度　B.爆发力　C.步频和步长　D.肌肉收缩频率

61.短跑时应该用脚掌的( )部位着地。

A.全脚掌　B.脚跟　C.脚前掌　D.随便

62.步长是指( )

A.后蹬距离　B.腾空距离　C.两脚着地点之间的距离　D.脚的长度

63.决定投掷项目成绩的最主要因素是( )

A.用力大小　B.出手角度　C.出手初速度　D.用力时间

64.跳跃技术的关键部分是( )

A.助跑阶段　B.起跳阶段　C.过杆阶段　D.着地阶段

65.人体起跳离地瞬间,身体重心所具有的速度是( )

A.腾起初速度　B.腾起角　C.水平分速度　D.垂直分速度

66.三级跳远三步的顺序依次是( )

A.跑步跳、跨步跳、跳跃

B.跨步跳、跑步跳、跳跃

C.单足跳、跨步跳、跳跃

D.跨步跳、单足跳、跳跃

67.反映呼吸功能的常用指标是( )

A.肺活量　B.1 000米跑或800米跑　C.呼吸差　D.呼吸频率

68.健康的睡眠要做到( )

A.起居规律,按时作息　B.睡觉时不用注意睡姿

C.睡觉时枕头要高　D.早睡晚起

69.运动按摩时,淋巴结所在部位( )

A.轻柔按摩　B.加重按摩　C.不宜按摩　D没有限制

70.人体跑时,推动人体前进的主要动力是( )

A.重心　B.支撑反作用力　C.摩擦力　D.空气阻力

71.短跑途中跑的上体动作应该是( )

A.稍前倾　B.较大前倾　C.正直　D.稍后倾

72.背向滑步推铅球比侧向滑步推铅球在技术上的优越性是( )

A.加长了球在出手前的运行距离

B.提高了出手速度

C.提高了预先速度,便于发挥力量

D.提高肌肉力量

73.在田径比赛中,标准跑道每条分道宽最大为1.25米,最小为( )米。

A.1.21　B.1.22　C.1.23　D.1.24

74.从理论上讲,现阶段是最先进的跳高技术是( )

A.俯卧式　B.跨越式　C.背越式　D.剪刀式

75.跳远跳起时的腾起角一般为( )

A.18°～24°　B.45°～50°　C.30°～35°　D.60°～70°

76.田径场跑道的宽度是( )

A.1.00～1.05米　B.1.05～1.10米　C.1.15～1.18米　D.1.22～1.25米

77.制定运动处方的内容包括确定目标,还要确定( )

A.运动量和时间

B.运动强度、时间、密度

C.运动强度、时间、频度

D.运动强度和次数

78.人体肌肉的发育在( )岁左右完成。

A.35　B.25　C.30　D.20

79.心率作为反映人体( )功能的客观指标之一。

A.心血管系统　B.身体形态　C.身体素质　D.耐力素质

80.不是有效预防肥胖症的方法是( )

A.控制饮食　B.加强锻炼　C.吃减肥食品　D.多参与家务劳动

81.一般来说健康成人每天需要水( )毫升。

A.1 000　B.1 500　C.2 000　D.2 500

82.胸部损伤者在徒手搬运时,( )方法不宜使用。

A.扶行法　B.抱行法　C.背负法　D.拖行法

83.缺乏维生素D会影响下列( )方面的生长。

A.肌肉　B.骨骼　C.心脏　D.头发

84.下列食物中含钙量最丰富为( )

A.奶类和豆类　B.蔬菜　C.谷物　D.水果

85.酗酒对( )影响最大。

A.肺 B.肝脏 C.心脏 D.脾

86.我国第一个获得台球世界冠军的是( )

A.傅家俊 B.梁文博 C.潘晓婷 D.丁俊晖

87.成人男子排球网高( )

A.2.24米 B.2.43米 C.2.44米 D.2.45米

88.女子排球网高( )

A.2.22米 B.2.23米 C.2.24米 D.2.43米

89.排球场地的尺寸是( )

A.12米×6米 B.18米×9米 C.12米×9米 D.12米×18米

90.目前国际篮联举办的比赛中,三分线距离篮圈垂直投影点的距离是( )

A.5.75米 B.6.25米 C.6.90米 D.6.75米

91.篮筐的上沿距离地面的高度为( )米。

A.3.05 B.2.95 C.3.15 D.3.25

92.中国篮球协会(CBA)比赛中一场比赛共有( )名裁判员。

A.1 B.2 C.3 D.4

93.正确的蛙泳动作周期应该有( )几个阶段。

A.划手 蹬腿 滑行 B.蹬腿 滑行 C.划手 蹬腿 D.划手 蹬腿 收手

94.在江河游泳时自感体力不佳,无法游回岸边时用( )恢复体力,达到自救的目的。

A.仰泳 B.侧泳 C.扒泳 D.屏气漂浮法

95.游泳时,耳朵进水可采用( )方法排除。

A.双脚跳动法 B.单脚跳动法 C.半蹲法 D.跑步法

96.游泳正确的呼吸方法为( )

A.憋气 B.嘴呼嘴吸 C.鼻呼鼻吸 D.鼻呼嘴吸

97.当发现有人溺水时,首先应当( )

A.大声呼救 B.声援 C.寻找救护物品 D.跳水施救

98.古代足球起源于( )

A.英国　B.埃及　C.中国　D.巴西

99.脚背正面踢球技术采用( )助跑。

A.直线　B.斜线　C.45°　D.90°

100.世界杯决赛足球场其长和宽为( )

A.长120米,宽90米

B.长105米,宽68米

C.长100米,宽65米

D.长11米,宽90米

参考答案:

01.A 02.C 03.B 04.D 05.B 06.A 07.A 08.C 09.D 10.D

11.A 12.A 13.C 14.A 15.A 16.D 17.B 18.D 19.B 20.A

21.A 22.A 23.A 24.A 25.B 26.B 27.C 28.C 29.B 30.B

31.D 32.C 33.D 34.C 35.A 36.B 37.A 38.B 39.B 40.A

41.D 42.D 43.B 44.B 45.C 46.B 47.D 48.B 49.B 50.A

51.A 52.B 53.B 54.C 55.C 56.A 57.C 58.C 59.A 60.C

61.C 62.C 63.C 64.B 65.A 66.D 67.A 68.A 69.C 70.B

71.A 72.A 73.B 74.C 75.A 76.D 77.C 78.B 79.A 80.C

81.D 82.C 83.B 84.A 85.B 86.D 87.B 88.C 89.B 90.D

91.A 92.C 93.A 94.D 95.B 96.C 97.A 98.C 99.A 100.B

课外体育锻炼相关研究成果摘编

一、传统体育锻炼项目对我国大学生心理健康的影响

在高校体育课堂中因地制宜地引入民族传统体育项目,不但可以丰富大学生体育课堂的内容,而且对大学生的心理健康存在积极的影响。这也是推广民族传统、弘扬民族文化的重要方法之一。

参加太极拳项目的大学生与对照组的大学生相比,躯体化、强迫、抑郁、焦虑、敌意、恐怖、妄想症和精神病性这八项状况有明显改善。

参加女子防身术的大学生与对照组的大学生相比,躯体化、强迫、抑郁这三项状况有明显改善。

参加武术散手项目的大学生与对照组的大学生相比,躯体化、强迫、人际关系、抑郁、焦虑、恐怖和妄想症这七项状况有明显改善。

参加花样跳绳项目的大学生与对照组的大学生相比,躯体化、强迫、人际关系、抑郁、焦虑、敌意、恐怖和精神病性这八项状况有明显改善。

参加健身气功项目的大学生与对照组的大学生相比,躯体化、强迫、抑郁、焦虑和敌意这五项状况有明显改善。

体育锻炼是一种增进普通大学生心理健康水平的有效手段,吉林师范大学引入民族传统体育项目,对大学生的心理可以产生积极影响。

(原作者简介:陈庆国,男,1975年生,硕士,北京体育大学高级访问学者,吉林师范大学副教授,硕士生导师。研究方向:体育教学与训练。)

二、跳远动作分析及成绩提高策略

跳远运动根据技术动作的特点可分为助跑、踏跳、腾空、落地四个环节。

1. 助跑动作分析

助跑是跳远运动技术的重要组成部分。与短跑的疾跑和全力跑不同，其主要的任务就是通过正确、有效的助跑以获得在水平上的速度，并使运动员准确地踏入起跳板，从而为运动员快速有力地起跳创造有利条件，做好充分准备。因此，在助跑环节上力争做到"快、准、稳"。

所谓快，是指跑得快，尤其是快跑段的最后四步，在跑的节奏上要越快越好，力求达到参与者的最高速度。

所谓准，就是指准确跑入起跳板，不能超出也不能提前，这样才能有利于动作的成功实现。

所谓稳，就是指助跑的起跑姿势、跑的技术、跑的距离和加速方法等要具有一定稳定性，不要随意变化。

助跑的长短没有硬性规定，助跑的距离完全由该运动员的疾跑能力决定，在亢奋、身体状况良好、顺风的情况下，助跑距离应增加20～40厘米；在身体状况不佳、逆风情况下助跑距离应缩短30～50厘米。

助跑的难点：节奏的掌握，上板的准确性，能否在上板前保持最大速度。

2. 踏跳动作分析

相关研究证明在助跑速度猛烈冲击下的快速有力起跳是很困难的，必须要有很强的支撑能力和完善的技术，才能创造适宜的腾空角和理想的腾空初速度。

踏跳的难点是能否准确上板，最大助跑速度与腾空的转换，起跳腿的发力。

踏跳要做到"狠、准、快"。其中，"狠"即在踏板的瞬间发力要狠；"准"是准确踏上踏板，脚尖要顶着踏跳板前沿起跳，不多一分不少一点；"快"指的是在脚接触踏板瞬间，发力后立刻就走，切勿粘板。

踏跳是整个跳远动作中最重要的一环，在保持最大助跑速度的同时，按正确的发力顺序获得最大的腾起初速度以及准确的腾起角度，来获得最好的成绩。

3. 腾空动作分析

腾空动作的难点是如何有效保持身体上下肢的。

起跳技术（以挺身式为例）练习：起跳练习应注意在保持一定助跑速度的情况下，做到跑跳结合连贯自然。

常用的起跳技术练习手段有:原地起跳模仿练习,原地三步助跑起跳练习,连续三步(或五步)助跑起跳练习,6~7步助跑起跳练习,全程助跑起跳练习。

4. 落地动作分析

落地的技术动作好坏,直接影响跳远的成绩。

落地的难点是在短时间完成腿的向上向前的前伸以及手臂的向下的用力摆动。

据很多研究表明,良好的落地技术,能使跳远成绩增加20厘米左右。

(原作者简介:马中林,男,1977年生,博士,吉林师范大学体育学院体育教育系主任,副教授,硕士生导师。研究方向:体育教学与训练。)

三、篮球运动的七个特性

第一,独立性,指队员的个人作战能力。

第二,多元性,指科学的专项理论基础、生理机能素质、实战能力等相互渗透融为一个整体。

第三,突变性,表现在空中激烈争夺。

第四,准确性,指从判断到动作,从行动到效果,都十分强调"准确"二字。

第五,技巧性,指根据临场的具体情况合理运用各种技术动作。

第六,时间与空间性,指瞬时快速、准确地围绕空间目标不断转化防守,化被动为主动。

第七,攻守平衡性,指攻守交替发展,达到新的攻守平衡。

(原作者简介:于广东,男,吉林省长春市人,硕士,长春市体育科学研究所副研究员。)

四、女生经期体育锻炼行为相关性研究

应该让学生们了解,在生理周期,适度的体育运动对于女大学生的身体健康

有积极的效果。在生理周期,部分女大学生会感到身体不适,但是适当的体育锻炼会增加身体血液循环,进而帮助经血顺利排出,缓解身体不适的症状。在月经初期,可以做一些较为简单的体育运动,如慢走、瑜伽等。在身体逐步恢复期间,可以适当地安排小活动量的有氧运动,如快慢交替走等。

学校应该积极地引导学生进行体育锻炼,通过各种方式方法宣传正确的经期体育卫生知识和体育锻炼的内容,比如讲座、海报、活动等。只有这样,才能真正地改变传统的经期体育锻炼的习惯,从而促使女大学生养成更加健康、有效的生活方式。根据不同学生的不同心理.生理特征设计不同的沟通和宣传方式。尽量减少女性学生对于生理周期的不适和心理压力。

经期体育锻炼有着重要的意义。第一,经期体育锻炼有助于健康、正面情绪的养成。在体育锻炼时,女大学生可以缓解不适的身体状况,从而减轻心里的压抑。有研究表明,负面情绪是导致生理、心理疾病的重要诱因之一。适当的体育锻炼,能给学生们带来快乐、正面的情绪,降低负面感受,从而改善心理健康。第二,适当的经期体育锻炼能够改善经期的生理反应,减低经期不适。研究表明,适当的经期体育锻炼能够促进血液循环、减轻痛经、盆腔充血等问题。在体育锻炼时,腹肌和盆底肌的收缩与舒张对子宫产生按摩作用,促进经血排出。良好的身体状态可以减轻经期的焦虑和不适,从而产生良性循环。

(原作者简介:陈志强,男,1979年生,吉林省白城人,吉林省白城师范学院副教授。研究方向:体育教学与训练。)

五、女生耐久跑的五种趣味锻炼方法

不断变换耐久跑的练习方法,使女生产生练习的兴趣,对提高女生耐久跑练习的效果至关重要。

第一,走跑交替练习。

慢跑或匀速跑300~500米,走200米(中间结合技术调整),每次课重复2~3组。要求匀速跑,注意跑的技术和呼吸节奏,以发展有氧耐力为主。

第二,结伴跑、追逐跑。

按耐力水平分组,水平相近的女同学进行结伴完成相应的运动量,培养合作意识;将耐力水平稍高的女同学和稍差的同学结为追逐跑的练习组合,以榜样带动后进生。亦可以将水平相近的同学组合,采取让距式追逐的形式来完成跑的练习,运动量的安排视学生的水平而定。

第三,变速跑练习。

体育场跑道上的变速跑练习(60~100米快跑接80~120米慢跑调整),每次课按女学生的耐力水平完成2~4组。

对角线变速跑练习。可以利用篮球场等长方形的场地进行,对角快跑,边线和端线慢跑调整,每次课完成4~8组。

第四,组合式练习。

小步跑30米,半高抬腿跑20米,后踢腿跑50米,放松慢跑100米。每次重复2~4组,练习的侧重点在于动作形式的转换和改进跑的技术.调整心肺功能。

第五,各种图形跑。

通过各种图形跑来改变跑的行进路线,以此调动学生练习的积极性。如蛇形跑、五角星跑、梅花型跑、"8"字跑等,对提高跑的练习效果.吸引学生参与热情非常有效。

耐久跑教学要以发展有氧耐力为基础,以无氧耐力练习为辅,在"适应—提高—适应—提高"的人体运动规律下实现耐久跑的成绩提高。

(原作者简介:马怀超,女,1968年生,辽宁省营口市教师进修学院体音美处处长,中国教育学会体育卫生分会理事。)

六、艺术体操的美学探析

第一,外在美。

艺术体操要求表演者要有端正的外貌,五官端正,身材修长,身体各部位匀称和谐,线条自然流畅。

运动员的姿态美是指运动员在表演过程中各个动作相互配合,协调一致,自然而然呈现出的一种美。

第二,内在美。

对艺术体操运动员来说,高雅优美就是对它的内在气质的完美阐释,运动员只有在日常生活中修身养性,端正自己的言行举止,养成品质,才能在表演过程展现自己优雅柔和的气质美,彰显个人风格。另外艺术体操也使运动员在训练过程中,获得超凡脱俗.风韵独特的气质,所以,运动员要严格要求自己,严格按照美的标准训练,力争使自己的内在气质得到提升;要敢于表现,善于表演,通过各种表情和动作展示自己的内在气质,给观众呈现独特的形象之美;通过体操把自己的感情.独特气质淋漓尽致的展现给观众。真正做到形神兼备,情姿相容,带给人精神上的愉悦,这才是运动员在比赛中获得高分的关键之一。

第三,动态美。

体操运动员仅有美好的形象是不够的,在表演过程中高超的技艺最能体现运动之美,它是艺术价值的完美展现。艺术体操的动态美不是难度动作的简单结合,而是运用美的规律巧妙地把难度动作、音乐节奏和运动员的表演风格有机和谐地结合起来,使各种美融为一体,得以完美呈现。

第四,静态美。

静态与动态互相结合,塑造了体操运动员的完美形象,打破了美学审视的单一形式,防止审美疲劳。动中有静,静中有动,可以更好表现运动员的灵动美,更能使其艺术呈现充满灵气,充满魅力。

第五,和谐音乐之美。

艺术体操离不开音乐,它是在音乐的伴奏中完成一个个动作展现。音乐不仅能烘托出或优美或典雅或激昂或低沉的气氛,对运动员的艺术展现有着指导作用,更是有着提高精神、鼓舞士气,使运动员产生激情的功效。

(原作者简介:康宁,硕士,长春理工大学副教授,速滑国际级裁判,排球国家一级裁判,定向运动国家一级裁判,羽毛球初级教练员。)

七、乒乓球运动文化特征与教育价值

从结构的层次划分,乒乓球文化包括精神文化、制度文化和物质文化。三个层次由里向外依次递增,三者之间互相适应、互相联系又互相制约。乒乓球运动文化既具有民族性,又具有世界性。

如今,乒乓球运动已成为我国最为重要的国民体育锻炼项目,并且成为全世界人非常看重的体育运动项目之一。乒乓球外交成为中国外交史上的美谈。在我国的体育发展史上,乒乓球运动被赋予了历史时代更大的使命和文化精神。

乒乓球运动的教育作用如下:

第一,乒乓球运动可以促进个性发展和人格精神塑造。乒乓球运动作为一项竞技运动,不像篮球或者足球那样更多近距离的身体碰撞和对抗,锻炼中始终保持一定的身体距离,进行体能、灵敏度、应对力、技巧操控等方面的对决,让双方都能始终保持相对的风度,没有了篮球和足球的野蛮与暴力,让每个运动员既能发扬现代奥运精神,又能够更好地展现文明与优雅。

第二,乒乓球运动有利于弘扬国球精神,促进学生成长。乒乓球进入我国的历史不长,但中国化以后,迅速普及,与中国文化精神的融合越来越紧密,使得乒乓球承载更多的国人精神,赋予更多的教育意义,成为体育教育的重要内容,更成为励志树人的典范。乒乓球这一西方运动项目,中国人将其发展到极致,成为最为强势体育项目,让更多西方国家都无人能够匹敌的运动长项。乒乓球成为中国人自强不息、洗刷耻辱的重要突破口,中国运动员将祖国荣誉高于一切的精神融入乒乓球,将为国争光的信念熔铸在乒乓球训练中,将中国人的坚强意志、不屈不挠精神、拼搏干劲刻入乒乓球中。

(原作者简介:蒋超磊,男,1992年生,本科,平湖市崇文小学体育教师,田径国家二级裁判员。研究方向:体育教学与训练。)

八、体育锻炼促进人格修炼

学生的人格修炼是一个持续的过程,对学生的成人、成才和成功起着决定性的作用。它受诸多因素的制约。已有的研究普遍认为人格是遗传的,是社会文化、家庭环境、学校教育以及个人经验诸多因素相互作用的结果。其中学校教育影响最为重要。而对学生来说,教学内容、方法、形式,教学环境,教师人格,都深刻地影响着学生的人格修炼。体育是学校教育的重要组成部分,具有全面育人的功能特性、诸多的教育优势条件,因此体育运动将对学生人格修炼产生以下影响:

首先,体育运动影响着学生成人。学生阶段要不断进行人格修炼,进而完善自身人格。因此在学生的体育教育中首先要强健学生体魄,为学生人格修炼奠定基础。体育运动具有强健体魄的功能。体育运动可以塑造学生强健体魄,塑造匀称体型,形成良好身体姿势,提高身体素质,提高人体机能水平,提高对外环境适应能力和对疾病的抵抗力。如身体健康者,表现为精力充沛,对事物有兴趣,乐观自信,热情活跃,心理承受能力强;而身体衰弱者,表现为精神萎靡不振,情绪悲观、消沉、敏感、易激动、冷漠、自卑、孤僻,心理承受能力低。因此身体与心理是相互影响、相互制约的。健康的体魄不仅能为学生的人格修炼奠定基础,还能积极影响其人格的发展走向。

其次,体育运动影响着学生成才。学生成为有才能的人,除了取决于学生掌握专业的基础知识、具备一定的身体素质外,还需要有健全的人格。学生的健全人格中,心理品质是关键。学生必须要有良好的心理品质,才能塑造健康的性格。性格是人格的重要部分,健全人格体现为健康性格。体育以它独有的特性积极作用于学生的心理,影响他们的性格。体育运动能培养学生良好的心理品质,使其乐观开朗,交往乐群,坚毅顽强,勇敢果断,竞争拼搏,坚定自信,吃苦耐劳,而这些品质符合现代人应具备的性格特征的需要。实践证明,只有当代学生拥有健康的心理,具备良好的性格,才能在社会主义建设中更好地展示才华,才能保持良好心态从容应变,承受得起巨大的压力。

最后,体育运动影响着学生成功。成功就是达成所设定的目标。成功也是每个人达到自己理想之后一种自信的状态和一种满足的感觉。体育运动是不断体验成功的过程,成功的体验不仅弘扬了体育精神,培养了体育道德,更塑造了学生的良好品德。学生具备了体育精神与体育道德,对学生的人格修炼可以起着推动的作用。

(原作者简介:张云波,女,1977年生,吉林省双辽市人。硕士,吉林外国语大学副教授。)

九、"体育后进生"的六种心理

所谓"体育后进生",是指体育品德和运动能力等方面的发展水平与体育教学不相适应,完成不了体育学习任务的学生。"体育后进生"除了具有同年龄青少年一般的心理特征外,还具有以下心理特点:

第一,自卑、胆怯心理。

畏难、沮丧、萎靡不振,甚至破罐子破摔,厌烦体育课。认为自己在体育方面不擅长,产生了自暴自弃的心理。

第二,缺少积极的情感体验。

由于自身的体型较胖、力量较差等,导致了其体育成绩较低,体验不到肌肉活动所带来的积极感受。这些问题直接导致了中学生主动进行锻炼的努力意识不够,体育成绩提高较慢。

第三,学习体育动力不足。

对体育学习和锻炼的目的、意义认识得不清楚和不深刻,错误地认为只要学好文化课,就能代表自己是优秀的学生,导致了自己对体育的兴趣仅停留在对结果的需求上。

第四,意志品质相对薄弱。

缺乏一定的毅力,怕苦怕累。对于那些持续时间较长的、单调的项目(如长跑),难以坚持,缺乏必胜的勇气,练习中担心出现事故,导致了练习时束手束脚。

第五,无所谓的消极心理。

体育课上不上都可以,出现了找理由请假、课堂听讲不认真、练习偷懒、我行我素、纪律涣散、行动自由的不良现象。

第六,心理矛盾,情绪不稳。

有自卑、逆反、闭锁、放纵等心理特点。自尊心和自卑感常常交织在一起,并时时处于矛盾之中,对周围的教师和同学有恐惧感和对立情绪,意志薄弱,自制力较差。

（原作者简介:徐艳秋,一级教师,浙江省平湖市东湖中学体育教师;郭雅斌,浙江省平湖中学体育教师。）

十、体育锻炼态度行为与身体自尊关系研究

身体自尊是个体对自我身体各方面评价后所产生的满意或不满意感,或与社会评价密切相关的个体对身体不同方面的满意或不满意感,是整体自尊的一个具体领域,包括两个等级:主领域(一般的身体自我价值感)和次领域(更为具体的有关身体各方面的满意感)。身体自尊的研究对人们参与体育锻炼的心理前因和心理效益有重要的意义。

体育锻炼行为一直是锻炼心理学的重要研究领域。体育锻炼行为预测指标的研究已成为目前体育心理学热点问题之一。体育锻炼态度行为涉及多方面因素。

体育锻炼态度行为与身体自尊之间有显著的相关性。两者之间是互动的、相互促进的关系,即身体自尊会随着体育锻炼态度行为的变化而同向变化。

体育锻炼态度行为对学生的身体自尊有较大影响作用,其中,行为习惯、行为控制感对身体自尊意识的培养影响作用最为明显。我们认为,体育锻炼活动成为学生一种需要,一种自动化行为模式,或学生在所从事锻炼行为中感到参与锻炼的充分自主权时,可促进学生体质健康发展。激励学生积极进行身体锻炼,养成经常锻炼身体的习惯,提高自我保健能力和体质健康水平,其身体自尊意识可以随之增强。

(原作者简介:欧阳中香,女,硕士,一级教师,现任杭州市闲林职业高级中学体育教研组组长,余杭区优秀教练员。)

十一、有效准备活动的四个策略

有效的准备活动是依据相应的运动规律,在尽可能少的时间内,投入最少的精力和物力,获取最大的准备效果。通俗地讲,就是在相对较短时间内,通过各种形式和手段,将锻炼者的注意力集中起来,使其生理和心理都做好准备,为接下来的练习内容做好铺垫的一个身体预热过程。

有效的准备活动要做到以下四点：

第一，活动的针对性。

体育训练内容的不同，其准备活动的内容也应不同，所以要依据针对性原则进行选择准备活动的内容。通常来说，准备活动包括一般准备活动和专门准备活动。一般准备活动是提高机体技能和神经系统兴奋性，提高呼吸和循环系统的机能水平，使温度升高，促进新陈代谢。专门准备活动是在一般准备之后，再做专门性活动，其内容与运动项目练习相类似，进一步增强中枢神经系统对正式练习适应能力。通常有一些模仿练习、诱导练习、辅助练习。例如，兴奋性较低，就应进行一些节奏较快、幅度较大的活动，以提高其兴奋性。如果刚刚进行过轻运动量的锻炼，则应突出专项准备活动；如果平时的机能水平较高，准备活动的时间则可适当缩短些。

第二，活动量的控制。

做准备活动要充分，但要注意量上的控制。全身发暖，略微出汗，关节活动灵活，身体感到轻松有力时，即达到了准备的目的，这时的运动量就是最佳的活动量。同时，在准备活动的强度和时间上我们还应考虑到年龄、季节和个人特点等因素的不同。如果是年龄小，训练水平低，在温暖季节里准备活动的时间可适当缩短，在寒冷的季节则应适当延长。例如，通过徒手操、持器械操、慢跑(倒后跑、踩线跑、侧身跑)等小运动量的方式进行准备活动。

第三，情绪情感驾驭。

人们长时间单一的刺激容易引起超限抑制，重复单调的活动内容也容易使人感到疲劳乏味。因此，锻炼者要根据自身的情绪情感变化和锻炼内容的不同运用不同的情感控制。当自我感觉情绪低落时，应该加长准备活动的时间，从而提高准备活动的有效性。同时，通过外界的干预调整自己的情绪，如通过节奏比较快的音乐背景刺激以提高自己的准备活动情绪。

第四，训练环境选择。

环境对一个人的心理起着重要的影响作用。例如，在训练中，场地布置的整齐美观、线条清晰等对学生是良性刺激，容易使学生情绪高涨、注意力集中。相反，场地布置不合理，甚至场地根本就没布置，这对学生来讲是一种劣性刺激，学生便表现无精打采、心不在焉，练习的兴趣不高。教师在每节课前都要认真布置好准备活动的场地。同时，精神环境也很重要。所谓精神层面的环境，就是我们之前所论述到的锻炼群体对准备活动的态度。

（原作者简介：李海泉，一级教师，浙江省杭州市余杭区社区学院讲师，区篮球优秀教练员；刘岩，一级教师，浙江省杭州市余杭区临平第五中学体育教师，区排球优秀教练员。）

十二、点燃"引体"欲望，"半个"实现梦想

"何为半个，不能为一者谓半"，在引体向上训练中不能完成一个完整动作的为半个，以此为临界将学生分成一、二两层，针对不同层次的特点进行分层次教学。第一层次（即"半个者"），这一部分同学的主要目标是突破"1"；第二层次（即"成形者"），这一部分同学的主要目标是提升"1"。

第一，"0"到"1"的突破训练。从学会发力到能拉起一个即从"0"到"1"的过程是最艰难的过程也是最重要的过程。采用"半个"教学策略和练习方法，降低难度、时时肯定，让学生在练习中领悟动作并逐步实现了从"0"到"1"的突破。具体的练习方法：帮扶引体练习、反向训练练习、静态挂杠+肩胛骨后收练习、斜身引体练习、仰卧悬垂引体练习、蹬地引体练习。

第二，"半个"间歇训练，从1个到多个的提升练习。根据不同的学生群体选用不同的"半个"训练方式，多种训练方法共同作用，在教师组织引领下，在激发学生向上欲望的前提下帮助学生实现从"0-1"的突破。"1，2，3，……"间歇式训练，第一次完成1个，第二次完成2个，第三次完成3个，记为一组，重复进行，前三组动作之间时间间隔30秒，从第4组开始间隔60秒，在训练过程中出现临界现象，即学生力竭时，鼓励学生完成最后半个，并缓缓下落直至双脚着地。学生的引体向上训练，很多时候是心理力竭出现在生理力竭前，需要老师和同伴大声鼓劲、激励！在这个时候观众的力量会体现得淋漓尽致，如果能让学生出现生理力竭而停止训练，学生就达成了训练目标，如果在生理力竭出现后完成半个训练，学生的成绩提升将是飞跃式的，"半个"是不断突破自我最佳途径。

（原作者简介：徐万忠，男，吉林省双辽人，一级教师，现为浙江省杭州市临安区昌化职业高级中学体育教师。）

十三、中职女生立定跳远成绩的影响因素及对策研究

定跳远是一项看似最为简单的运动项目,但其所涉及的因素却非常之多,影响学生成绩的因素也是多个方面,且不同学生有着不同的特点。

第一,生理因素。男生和女生有着生理方面的巨大区别,在运动方面也就表现出巨大的差距,也就决定了女生不能像男生那样跳得远。作为女生,其自身的生理原因也是影响其成绩的重要因素。立定跳远是增强学生体质、提升学生身体素质的重要方式,跳远成绩反映了学生的身体素质。无论从短期测试看还是从长远发展看,生理因素是影响学生成绩的根本因素;而根据学生身体状况,提高学生身体素质,提升学生的体能和综合素养,是保障学生立定跳远成绩和持续提升他们成绩的重要基础。

第二,心理因素。体育运动既是一种身体运动,也是一种心理历练过程。立定跳远测试不仅要测试学生的体育成绩,也是学生心理的考验。不少学生身体素质不差,平时锻炼效果也很好,尤其是女生,课下能够跳出非常好的成绩,一到测试阶段就紧张,久久不能平静,成绩大打折扣。从正常心理表现规律看,每个人遇到一些考核量化活动都会出现出精神紧张现象,这是很正常的一种心理反应。

第三,身体因素。体育锻炼身体,体育测试也是在检测学生的身体状况,不同学生有着不同的身体特点,这些对他们的影响非常之大。尤其是女生,身高、体能、体重都是影响他们体育成绩的重要因素。不同的学生受遗传因素影响,女生的身高差异较为明显。体重也是影响学生体验成绩的重要身体因素。有的女生身体匀称,自然就会有较好的灵活性、敏捷度、弹跳力和协调能力,在立定跳远时能够跳出较好的成绩。而一些超重或者肥胖的女生,自然不能达到理想的目标,甚至距离达标还有很远的距离。体能是影响学生各项运动的重要因素,也是立定跳远训练的重点。

第四,技术动作因素。从个体因素看,一个学生立定跳远成绩是否理想,有没有更多的发展提升空间,能不能让学生通过持续性指导和训练,逐步达到或者超越常规标准,甚至能够成为出类拔萃的佼佼者,技术动作因素非常关键。从整体上看,很多学生成绩不理想,主要是因为技术不到位,动作不规范,不能真正反映实力。

对于如何提升女生立定跳远成绩,主要要做好以下几个方面:保持健康匀称

身材、加强体能训练、不断提升爆发力、做好心理疏导工作、强化训练针对性。

（原作者简介：胡维娟，女，一级教师，现为浙江省杭州市临平职业高级中学体育教师。）

十四、初中生立定跳远成绩的影响因素

影响学生立定跳远成绩的因素是多方面的，既有前面提到的教学方面的因素，比如，立定跳远教学针对性不强，不重视学生兴趣的激发等。也有学生方面的因素，比如，学生的身体素质、心理素质、身体形态、动作技术等，这些因素都会影响到成绩。具体参加图1：

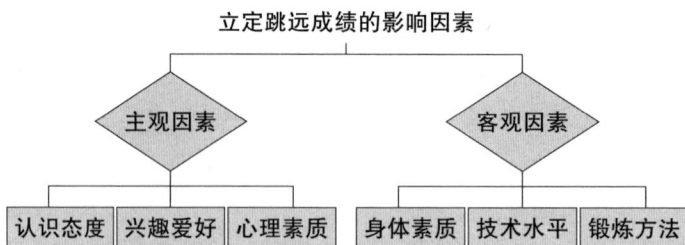

图1　立定跳远成绩的影响因素

影响立定跳远成绩的因素可以划分为主观和客观两大维度。其主观因素主要包括认知态度、兴趣爱好和心理素质等。而客观因素主要包括身体素质、技术水平和锻炼方法等。主观因素中心理素质是一个非常重要的因素。学生在考试时，情绪紧张，注意力不集中，自我感知动作的能力不足，做动作时过于紧张，必然会影响到身体机能的发挥，影响到动作的质量，必然也会影响到学生的立定跳远成绩。客观因素中身体素质方面不容小视，如果学生的下体下肢的弹跳能力不强，提腰收腹动作不协调，双臂摆动速度不足，两腿前摆的速度力量不够，身体控制平衡的能力差，这些都会影响到立定跳远的效果及成绩。而身体形态方面也非常重要，学生的体重、身高、双腿长短、下肢肌肉发达状况等因素都会影响到学生立定跳远的效果及成绩。

（原作者简介：方丽萍，女，本科，一级教师，浙江省杭州市余杭区仓前中学体育教师。）

十五、不同锻炼方法对中职生肩部肌肉和运动心率阀的影响研究

不同负重练习负荷重量比较:在不同负重练习中,参与运动的横截面积不同,负荷重量各有差异。

肩部练习的负荷与时间比较:同一动作,不同重量比例的负荷时间的增加的幅度不同,且他们之间的差异与负荷运动量有关:动作姿势相同,不同的运动轨迹完成动作的时间也不相同。

肩部负重练习对体围的影响:同一动作,不同重量比例的负荷效果不同;同重量比例,不同动作的负荷效果不同。

运动频率、次数、组数等都与心率以及重量有着密切关系。具体是同一动作不同重量比例的负荷时间的增加的幅度不同,且他们之间的差异与负荷运动量有关;动作姿势相同,不同的运动轨迹完成动作的时间也不相同;同一动作,不同重量比例的负荷效果不同;同重量比例不同动作的负荷效果不同。从健身的最佳化来说,轻微的甚至是过量的健身运动,都达不到锻炼的目的。只有达到一定强度的健身运动,也就是说当健身者运动时达到最佳心率,才能提高人的体力、耐力和新陈代谢潜在能力,才是最有价值的运动。

健身运动在达到或接近它的上限时才有意义而这个上限的限度,对每个人来说都是不同的。实验过程中,受试者的心率随着每一组动作次数、组数、频率、重量的不同心率会出现显著差异。锻炼过程中并不是运动量越大,锻炼效果越好,反而是处于中间的负荷运动量作用效果最好。在健身运动中用良好的心率来衡量健身活动中的量度科学进行健身锻炼,切忌随意或过量进行健身运动,要合理并且科学利用心率对健身运动进行监测和制定运动计划,以免起到不良的效果,避免运动的疲劳而造成运动损伤。

(原作者简介:杨惠亮,男,本科,一级教师,现为浙江省杭州市临平职业高级中学体育教师。)

十六、不同锻炼方式对大学生焦虑干预的差异性分析

研究表明,近年来,在校大学生焦虑、抑郁发生率在不断上升。焦虑症已经成

为大学生常见心理疾病,不仅影响了大学生的学习和生活,也给大学生的身体健康造成了影响。大学生的心理健康问题正日益受到关注。当今在校大学生均面对学习压力、学习模式的改变、就业困难等问题,加上现如今都是独生子女,个性突出,心理承受力较差,造成部分大学生初离父母求学异地,出现人际关系处理不善、生活习惯不适、共同居住集体宿舍等因素造成在校大学生出现心理健康问题。

体育活动是在人类发展过程中逐步开展起来的以身体练习为基本手段,以增强人的体质,促进人的全面发展,丰富社会文化生活和促进精神文明为目的的一种有意识、有组织的社会活动。它是社会总文化的一部分。体育活动是充满活力和朝气的一项运动,可增加人体吸氧量和血流量,且可有效刺激人体中枢神经系统,从而缓解人的负面情绪,使其保持着积极乐观向上心态。将运动范围控制在中等运动强度,可提高在校大学生对体育运动兴趣,可在一定程度上缓解其焦虑情况,同时通过运动强度和体育运动技术可培养大学生走向社会时所需的良好心理素质和坚强毅力。

篮球锻炼属于集体性活动,其可通过比赛得到自我认可,提供自我尊重感,且篮球活动可提高在校大学生的人际沟通能力,可从最初陌生人变为无话不说的好友,探讨生活、人生、学习等话题,可为彼此出谋划策,排忧解难。

而体育舞蹈锻炼不仅可加强在校大学生体能,还可调节在校大学生心理健康水平,体育舞蹈属于以个人动作为活动载体,其可改善在校大学生消极思维和消极认知,引导其投入锻炼中,同时可帮助大学生调节上、下肢配合性,有利于培养大学生坚持不懈、刻苦顽强、机智灵活等品质。

总而言之,体育锻炼可有效缓解在校大学生焦虑、抑郁水平。

(原作者简介:王彬,男,吉林大安人,白城师范学院体育学院教授。)

十七、大学生体育生活方式与身体素质

生活方式与人们的健康息息相关。生活方式的变化,包括生活内容、生活领域、生活节奏的改变,都会引起个人乃至社会的健康问题。在人的一生中,生活方式不可能一成不变。随着生活方式的改变,在内容上丰富或贫乏,在领域里开阔或狭窄,

在质量上提高或降低,在节奏上加快或减慢,都可能给健康带来正面或负面的影响。

体育运动是贯穿于整个生活方式之中并起着调节作用的成分,它调节并改善着人们由于饮食、营养、体重、作息等方面长期不合理的积习所造成的生活方式。

身体素质是衡量机体健康状况的重要指标,主要包括力量、柔韧度、灵敏度、速度、耐力等方面。近几年的大学生体质健康测试结果显示,当前我国大学生的身体素质出现下滑,情况不容乐观,可能和当前运动锻炼频率越来越低有关。随着生活水平的提高,交通工具更加便捷化,加上网上购物等方式的兴起,人们的生活方式发生改变,对交通工具和网络的依赖性增强,缺乏充分的运动锻炼,导致其身体素质出现降低。

多项调查数据显示,大学生身体素质的下滑与其体育生活方式的不良密切相关。体育生活方式是生活方式中的主要组成部分之一,主要是指人们在客观条件下参与的体育活动的行为特征,包括体育生活意识、体育生活条件、体育生活行为以及体育生活效益。体育锻炼是确保身体保持活力、消耗多余过剩营养和能量的重要手段,也是维持身体强壮健康的必要方法。良好的体育生活方式主要是指具有明确的体育生活意识和目的,具备稳定的体育生活条件和项目,体育生活的频率、时间以及强度达到一定水平,参加体育锻炼后的自我评价良好。良好的体育生活方式有利于积极促进和引导大学生养成良好的运动锻炼习惯,培养其体育意识,从而有效促进大学生身体素质和心理健康的协调发展,提高大学生对身体素质和心理健康的认识与重视,正确树立"健康第一"的观念,树立文明健康生活方式,推进健康生活观念,提高个人生活品质,营造良好的体育社会氛围。此外,大学时期的体育与健康生活方式关系到大学生未来的体育生活化、终身化,也关系到个人终生健身行为方式的养成。

体质是人的有机体在遗传变异和后天所表现来的机能和形态上相对稳定的特征,它受所居住的地理环境、经济状况、生活习惯等影响较大。身体素质是决定一个人发展最基础的条件,人的一切活动必须在一定体质的支持下才能进行。体质具有先天的遗传性和后天的获得性,体质遗传因素难以改变,但是后天的饮食、运动等生活习惯却能够决定身体形态、结构和机能上的增益。体育生活方式对大学生的身体素质会产生重要的影响,良好的体育生活方式有利于改善大学生的身体素质。

(原作者简介:胡南,女,吉林白城人,硕士,白城师范学院体育学院副教授。)

十八、心肺复苏,与"死神"赛跑

心搏骤停一旦发生,如得不到即刻及时的抢救复苏,4～6分钟后会造成患者脑和其他人体重要器官组织的不可逆损害,因此,心搏骤停后的心肺复苏必须在现场立刻进行。心肺复苏虽然使用频率不高,但它是特定时刻挽救生命的有效手段。病人心脏呼吸骤停后的黄金抢救时间只有8分钟,而急救车的到来往往在8分钟以后,每迟1分钟,病患救活的可能性就下降10%。因此,掌握心肺复苏的技能显得非常重要。

(原作者简介:樊洪基,浙江绍兴人,高级教师,绍兴市柯桥区职业教育中心体育教师。)

十九、高中生体育课学习"惰性"产生的原因

通过文献法、问卷调查法、课堂观察法、座谈法及归纳提炼法等对高中生体育课学习过程中所表现出来的惰性原因进行了剖析,研究结果认为,高中生产生学习惰性的主要原因有5个方面:

第一,师生教与学的行为不能多向互动。在300名学生的调查中,其中有69.4%学生认为,教师命令式授课很难接受且易产生逆反心理。造成这样的原因是高中生的生理发展规律问题,因为,这时期的他们需要自由且处于叛逆期。

第二,教师教学方法选择与运用的不当。在300名学生的调查中,有45.3%的学生喜欢自主式学习法,对于教师的集体练习法等表示出了强烈的反感。课堂中出现的不积极,应付了事,对教师不信任,表现出对立、敌视态度。

第三,参与过程中学生愿望得不到满足。在300名学生的调查中,对于"课上你是否得到了需要的满足"一项,有89.7%的学生认为没有。

第四,教师对学生能力的估计不够准确。在300名学生的调查中,学生对教师制定的教学目标一项也出现了很高的意见,认为有些同学无法完成,一刀切的教学目标不适合他们。

第五,学习中学生存在的不良心理因素。体育课堂教学中,由于学生身体机能,运动能力等各种差异,会出现以下情况:运动能力强的总有表现机会,课堂上很活跃,精神状态好;运动能力差的学生做很多动作都难以完成,他们往往把上体育课当成一种负担,常常表现出焦急,恐惧,自信心不足,从而就能在教学过程中产生自卑心理,不上课。

(原作者简介:马世英,男,高级教师,浙江省杭州市瓶窑中学体育教师。)

二十、女生仰卧起坐能力提升的途径

仰卧起坐是女生最为基本的力量锻炼内容,能够有效提升学生腹部的肌肉力量,让女生的肌肉更富弹性,长期锻炼,能够保护女生的背部姿势,改善学生的身姿与体态。但是,由于仰卧起坐练习的方式较为复杂,缺乏有效的辅助手段,提升能力不是朝夕之功,且存在很多的误区,不仅不能有效提升他们的运动能力和成绩,甚至会造成不利的影响。

女生在仰卧起坐训练存在的误区主要有颈部双手抱头交叉、抬起腰伸直腿、请人或者借助一定的器械控制双脚、盲目追求速度、数量和频率越大效果越好。提升女生仰卧起坐能力途径有正确理解并掌握仰卧起坐的动作和技巧要领、坚持适度适量原则和循序渐进的原则、做好基础训练和力量、耐力和速度训练。

(原作者简介:谷亨利,一级教师,杭州市闲林职业高级中学体育教师。)

主要参考文献

［1］杨秋云.培养学生体育锻炼习惯的养成［J］.中国校外教育,2014(31):147.

［2］王建.浅谈如何培养学生的自我体育锻炼兴趣和习惯［J］.中国校外教育,2015(15):141.

［3］潘蒙蒙.影响学生课外体育锻炼兴趣的因素分析及对策［J］.中国学校体育,2015(增刊):32.

［4］张涛.激发学生运动兴趣,养成体育锻炼的习惯［J］.亚太教育,2016(12):18.

［5］陈小祥.学生课外体育锻炼的有效策略研究［J］.成才之路,2016(35):30.

［6］余明权.促进学生体育锻炼因素研究［J］.内江科技,2017(4):77,58.

［7］杨芳.学生体育锻炼强度的有效控制［J］.课程教育研究,2017(28):213.

［8］黄建珍.体育锻炼对于学生学业成绩造成影响的研究［J］.现代交际,2017(9):159.

［9］宋清华,赵新平.健身锻炼"三条线"利于学生养成终身体育好习惯［J］.田径,2018(2):23.

［10］卞勋.体育锻炼对学生身体素质提升探析［J］.才智,2018(8):85.

［11］李贺.探究职业高中体育教学中如何培养学生自主锻炼意识［J］.中国高新区,2018(8):80.

［12］张庆凤,陆永宽,陈振翠,等.自我决定理论对学生自主体育锻炼的影响［J］.韶关学院学报,2018(8):106-108.

［13］王振.体育锻炼对学生良好行为习惯养成的研究［J］.延边教育学院学

报,2018(4):91-93.

［14］安维强.调查分析学生体育锻炼态度和行为相关性[J].体育世界(学术版),2018(10):115-116.

［15］沈永贵.浅谈体育教学如何培养学生终身体育锻炼的意识[J].当代体育科技,2018(35):109,111.

［16］陈俊.学生体育锻炼习惯的形成和影响因素研究[J].体育科技,2018(6):139-140.

［17］许松.学生体育锻炼态度对运动技能水平的影响[J].西安文理学院学报(自然科学版),2019(1):109-112.

［18］吴鹏,陈辉.中等职业学校学生课外体育锻炼调查研究[J].中国校外教育,2019(2):14-15.

［19］王美芳.体育锻炼有效缓解学生焦虑的实验研究[J].华夏教师,2019(3):23.

［20］魏军红.初中体育教学中如何锻炼学生的心理素质[J].课程教育研究,2019(21):212.

后 记

亲爱的读者朋友们,非常敬佩您坚持读完这本书,其内容虽较为肤浅,但融入了编者们的大量心血。当下人们非常关注自身的健康,拥有一本涉及课外体育锻炼指导类的读本,是有利于"事半功倍"的。

青少年时期的体格增长是最快的。体育锻炼可以使身体中各器官获得充足的氧和其他营养物质,以促进其生长需求。运动可以改善人体的新陈代谢,促进骨骼生长,提高骨密度,锻炼肌肉,提高心肺功能,加大肺活量。经常运动的人,神经系统的调节功能得到强化,身手更加敏捷、灵活。体育锻炼可消耗脂肪,增加肌肉。青少年坚持体育锻炼可以减轻体重,塑造良好体形。体育锻炼也可以给人带来愉悦感,缓解紧张情绪,减轻学习产生的压力,使人形成乐观的情绪与开朗的性格,减少和避免产生抑郁、焦虑的现象。当然,这些功能的实现需要体育锻炼者掌握必要的科学方法,遵循严谨的科学原则,本书内容可供参考。

由于水平有限,时间紧迫,本书难免会出现一些错误,读者朋友们如有发现,请及时告诉我们,以便日后修订。此书在资料搜集与整理的过程中,参考了一些对我们的研究有用的资料,有的找不到原作者,有的原作者联系不上。若涉及版权问题,请与主编联系。特此致谢!

本书编委会

二〇一九年九月十日